TÉCNICAS DE NEGOCIAÇÃO

O GEN | Grupo Editorial Nacional, a maior plataforma editorial no segmento CTP (científico, técnico e profissional), publica nas áreas de saúde, ciências exatas, jurídicas, sociais aplicadas, humanas e de concursos, além de prover serviços direcionados a educação, capacitação médica continuada e preparação para concursos. Conheça nosso catálogo, composto por mais de cinco mil obras e três mil e-books, em www.grupogen.com.br.

As editoras que integram o GEN, respeitadas no mercado editorial, construíram catálogos inigualáveis, com obras decisivas na formação acadêmica e no aperfeiçoamento de várias gerações de profissionais e de estudantes de Administração, Direito, Engenharia, Enfermagem, Fisioterapia, Medicina, Odontologia, Educação Física e muitas outras ciências, tendo se tornado sinônimo de seriedade e respeito.

Nossa missão é prover o melhor conteúdo científico e distribuí-lo de maneira flexível e conveniente, a preços justos, gerando benefícios e servindo a autores, docentes, livreiros, funcionários, colaboradores e acionistas.

Nosso comportamento ético incondicional e nossa responsabilidade social e ambiental são reforçados pela natureza educacional de nossa atividade, sem comprometer o crescimento contínuo e a rentabilidade do grupo.

MARCELO
ZENARO

TÉCNICAS DE NEGOCIAÇÃO

Como melhorar seu
desempenho pessoal
e profissional
nos negócios

O autor e a editora empenharam-se para citar adequadamente e dar o devido crédito a todos os detentores dos direitos autorais de qualquer material utilizado neste livro, dispondo-se a possíveis acertos caso, inadvertidamente, a identificação de algum deles tenha sido omitida. Não é responsabilidade da editora nem do autor a ocorrência de eventuais perdas ou danos a pessoas ou bens que tenham origem no uso desta publicação.

Apesar dos melhores esforços do autor, do editor e dos revisores, é inevitável que surjam erros no texto. Assim, são bem-vindas as comunicações de usuários sobre correções ou sugestões referentes ao conteúdo ou ao nível pedagógico que auxiliem o aprimoramento de edições futuras. Os comentários dos leitores podem ser encaminhados à **Editora Atlas S.A.** pelo e-mail editorialcsa@grupogen.com.br.

Direitos exclusivos para a língua portuguesa
Copyright © 2014 by
Editora Atlas S.A.
Uma editora integrante do GEN | Grupo Editorial Nacional

Reservados todos os direitos. É proibida a duplicação ou reprodução deste volume, no todo ou em parte, sob quaisquer formas ou por quaisquer meios (eletrônico, mecânico, gravação, fotocópia, distribuição na internet ou outros), sem permissão expressa da editora.

Rua Conselheiro Nébias, 1384
Campos Elísios, São Paulo, SP — CEP 01203-904
Tels.: 21-3543-0770/11-5080-0770
editorialcsa@grupogen.com.br
www.grupogen.com.br

Designer de capa: Zenário A. de Oliveira
Composição: Luciano Bernardino de Assis

Dados Internacionais de Catalogação na Publicação (CIP)
(Câmara Brasileira do Livro, SP, Brasil)

Zenaro, Marcelo
Técnicas de Negociação: como melhorar seu desempenho
pessoal e profissional nos negócios / Marcelo Zenaro.
São Paulo: Atlas, 2017.

Bibliografia.
ISBN 978-85-224-9071-4

1. Administração de conflitos   2. Comunicação interpessoal   3. Decisões
4. Negociação I. Título.

14-04460	CDD-658.4052

Índice para catálogo sistemático:
1. Negociação : Administração de empresas 658.4052

A minha esposa, Viviane,
e aos meus filhos, João Marcelo e Maria Luiza.

SUMÁRIO

APRESENTAÇÃO xi

1 **CONCEITOS, COMPETÊNCIAS E ESTUDOS DO COMPORTAMENTO** 1

   1.1 Uma história de sucesso 3

   1.2 Conceitos de negociação e ética 5

      1.2.1 É preciso negociar com ética 6

      1.2.2 O seu perfil profissional como negociador 9

   1.3 Estratégias para a negociação 15

      1.3.1 Planejamento 15

      1.3.2 Características dos negociadores 17

   1.4 Competências fundamentais para a negociação 18

   1.5 Comportamento humano e a negociação 21

      1.5.1 Modelo de comportamento de adoção 22

      1.5.2 Teoria da motivação de Maslow 23

viii Técnicas de Negociação • Zenaro

1.6 Outros fatores que influenciam o processo de adoção 24

1.6.1 *Estágios do processo de decisão do consumidor* 24

1.6.2 *Principais fatores que influenciam o comportamento do consumidor* 28

1.7 A adoção 33

1.8 Tipos humanos à luz da teoria das inteligências 34

1.8.1 *As sete inteligências de acordo com Gardner (1994)* 37

1.8.2 *Áreas de capacidade, segundo Gardner (1998)* 45

1.9 Inteligência emocional 46

1.9.1 *Competência emocional* 47

1.9.2 *A moldura da competência emocional (Goleman, 1995)* 50

1.9.3 *Competências emocionais segundo Goleman (1999)* 52

2 A COMUNICAÇÃO, O TEMPO, O PODER E A INFORMAÇÃO 63

2.1 Barreiras à comunicação e como superá-las 63

2.2 Linguagem corporal como forma de comunicação 69

2.3 Tipos de clientes e como tratá-los 73

2.4 Por que se perdem clientes 77

2.5 Variáveis que influenciam as negociações 79

2.5.1 *O poder* 79

2.5.2 *O tempo* 86

2.5.3 *A informação* 88

3 NEGOCIAÇÃO: ESTRATÉGIAS E TÁTICAS 93

3.1 As principais táticas de negociação 94

Sumário **ix**

3.2 Táticas eficazes de fechamento como um conjunto de técnicas 98

3.3 Sou ou não um bom negociador: teste autodiagnóstico 106

3.4 Negociação para a gestão de conflitos 110

    3.4.1 Como superar barreiras e conflitos 112

    3.4.2 Como conhecer e agir com seu oponente 116

    3.4.3 Tipos humanos reconhecidos em conflitos 120

    3.4.4 Como agir em conflitos 122

4 AS SETE ETAPAS: ABORDAGEM PRÁTICA SOBRE NEGOCIAÇÃO 127

4.1 1ª Etapa: abordagem inicial 127

4.2 2ª Etapa: descubra as necessidades – investigue o cliente 130

4.3 3ª Etapa: demonstre os produtos e serviços 132

4.4 4ª Etapa: conquiste a venda 134

4.5 5ª etapa: supere as objeções 138

4.6 6ª etapa: ação final ou fechamento 140

4.7 7ª Etapa: pós-venda ou relacionamento com o cliente 144

5 A COMPETITIVIDADE EM PERSPECTIVA 151

5.1 Tendências dos negócios no varejo 156

5.2 A vida moderna e os novos nichos de consumidores 163

    5.2.1 Quem são esses novos nichos de consumidores 164

5.3 Vantagem competitiva 166

    5.3.1 Determinantes da vantagem competitiva 170

X Técnicas de Negociação • Zenaro

5.3.2 *Condições da demanda* 171

5.3.3 *Outros fatores determinantes de vantagem competitiva* 172

5.4 *Customer Relationship Management* (CRM) como estratégia competitiva nos negócios 173

5.4.1 *Os primeiros passos para implantar CRM* 174

5.4.2 *A importância da comunicação para o sucesso do CRM* 176

5.4.3 *O começo* 177

5.4.4 *Vantagens do CRM* 178

REFERÊNCIAS 181

APRESENTAÇÃO

Negociamos em todos os momentos de nossas vidas. O bebê que chora negocia carinho e atenção. O trabalhador que se doa com sua energia e conhecimento negocia apreço, reconhecimento e pagamento justo pelo seu esforço. Na verdade, a arte de negociar é inerente ao ser humano, e até podemos dizer que exercemos essa "arte" ou habilidade, naturalmente. Você sai para comprar um automóvel, mas nunca toma decisões sem antes negociar. E até nas negociações mais simples como ir ao supermercado ou à loja de sapatos, em todos os lugares e momentos você utiliza técnicas de negociação, consciente ou inconscientemente. Essas habilidades podem ser técnicas ou humanas, mas, de qualquer modo, sempre presentes.

São muitos os estágios nesse processo que você, até mesmo sem perceber, estará exercendo. Seus papéis mudam durante a negociação em razão de influências que sofrerá em todos esses estágios. Dito isso, espero ter aguçado sua curiosidade em seguir com a leitura, apreciando cada palavra deste novo livro, prático e 100% aplicado a sua realidade.

O primeiro momento em que despertamos para a negociação é o reconhecimento do problema, ou seja, da privação de algo que nos falte, seja um produto ou um serviço, uma ideia, lugar, pessoa, enfim. Essa "frustração" nos dá provimento dos motivos e, por conseguinte, do desejo de posse, que pode ser entendido como sendo o primeiro estágio. E então as técnicas de negociação começam a exercer forte influência e nos conduzem até o esforço final que é a recompensa pelo empenho, o que considero o último estágio da negociação. Está provado, até no reino animal, que os esforços que são recompensados revertem-se num estado de animosidade e produtividade.

Desde a fase inicial, inexoravelmente, passamos a buscar por informações, pelo exercício do que entendemos como "recursos" ou habilidades pessoais e profissionais de negociar. Assim, avaliamos alternativas, experimentamos, decidimos e adotamos ou não aquilo que é objeto da negociação.

Nos dias de hoje, a obsolescência programada é outro fator motivador importante para o desejo de posse, e que motiva os negócios no mundo.

Pois então, o que você pode esperar deste livro? Eu reuni um conjunto de ações, técnicas, dicas e exercícios práticos importantes para o aperfeiçoamento profissional de estudantes, empresários, compradores, vendedores e negociantes de maneira geral. Com linguagem objetiva e totalmente aplicada, que irá ajudá-lo a desenvolver habilidades e competências distintas em negociação, utilizando técnicas de desenvolvimento humano e comunicação.

Certamente você irá exercer as técnicas de negociação com destreza e eficiência, e espero sinceramente que meus mais de 20 anos de convivência e prática em marketing e negócios possam contribuir para o desenvolvimento de habilidades importantes a serem aplicadas imediatamente no seu dia a dia.

Na primeira unidade ou Capítulo 1, trabalharemos o perfil pessoal e o estilo do negociador, além das qualidades essenciais para se tornar um negociador eficaz. A segunda unidade, ou Capítulo 2, é uma abordagem sobre a comunicação para a negociação, especialmente a linguagem não verbal ou corporal, além de citar os tipos de clientes e as maneiras de tratá-los. É uma disciplina importantíssima e que deve ser aplicada imediatamente no dia a dia. No Capítulo 3, vamos compreender variáveis envolvidas na negociação, sejam: o tempo, a informação e o poder do negociador, além das estratégias e táticas consagradas para o sucesso dos negociadores. A quarta unidade ou Capítulo 4 explica de forma muito prática as sete etapas da negociação, e certamente você irá exercê-las com maestria.

O bom negociador sabe o quanto o conhecimento faz a diferença no dia a dia e poderá lhe dar confiança e assertividade. Pois então, desejo que esse tema contribua para o seu desenvolvimento pessoal e profissional. O livro todo está recheado de exemplos e de exercícios para estimular seu interesse.

Desfrute-o sem moderação!

1

CONCEITOS, COMPETÊNCIAS E ESTUDOS DO COMPORTAMENTO

Bem-vindos ao novo velho paradigma! Em princípio essa chamada parece provocativa, mas é isso mesmo que você leu. Estamos numa época em que se investem milhões em propaganda, entretanto sua eficácia é questionável. As estratégias de marketing não passam de "promessas" que nem sempre são cumpridas da maneira que se espera. Surpresas desagradáveis acontecem a cada instante pelo caminho e não há sequer uma pessoa que ainda não tenha sido prejudicada, de alguma forma, ao decidir adotar algum produto ou serviço.

As teorias evoluem e se modificam, se aperfeiçoam, mas na verdade nada há de novo entre o céu e a terra, meus amigos. Bem-vindos ao novo velho paradigma, explico, à tal "Era do Ser Humano". Temos que entender melhor o que isso significa. Vejamos: não basta somente a tecnologia, a velocidade da informação, a pluralidade de ideias da multidisciplinaridade e a abertura para a criatividade em ambientes inovadores. Mais do que tudo, é preciso GENTE! Isso mesmo, gente disposta, preparada e motivada. Tem sido este o grande dilema predominante nas grandes empresas, com as ditas "melhores práticas de gestão".

Nunca se ouviu falar tanto em tecnologias da informação, criatividade e inovação, entretanto as habilidades humanas continuam fazendo a maior diferença em todos os aspectos. Somos nós, humanos, que criamos, melhoramos, aperfeiçoamos, inovamos. Pessoas dispostas e motivadas a entender outras pessoas, dispostas a oferecer algo em troca de algo, ou seja, negociar. Pessoas com competências distintas que possibilitem um ganho considerável através do esforço de entender e atender as necessidades de outras pessoas.

Parece simples, mas nos deparamos com muitos conflitos que nem sempre são compreendidos em sua totalidade. O que acontece, por exemplo, num ambiente formal de uma empresa ou escola, universidade etc. quando as pessoas são provocadas a inovar? Nada!

Isso mesmo, não acontece nada. São realizados estudos de clima organizacional, avaliação de desempenho, criação de políticas e implantação de programas de melhoria, e as rotinas são preestabelecidas, solidificadas e seguidas. Não há espaço para a negociação, não há espaço para a criatividade, portanto, não há inovação. Não proponho uma revolução no sentido de desorganizar as organizações, mas sim um espaço político de negociação para a criatividade e a inovação, que certamente levará a melhorias, produtividade, economia etc.

Por outro lado, temos os conflitos entre as gerações. *Baby boomers versus* geração X, e agora estamos vivendo um momento interessante em que a geração X está abrindo espaços de gestão organizacional para a geração Y, motivada, multidisciplinar e com muito conhecimento, embora pouca experiência e "certa indisciplina". Os jovens que estão aí no mercado de trabalho e possuem em média 25 anos de idade, muitos deles já com sua pós-graduação completa, assumindo desafios importantes, viagens de negócios e muitas vezes uma carga de trabalho extra. São muitas as dúvidas e incertezas, mas de uma coisa estou convencido: nada irá substituir os seres humanos, nada irá suplantar a mão e a inteligência da criação mais perfeita que existe: o ser humano!

Dedico este livro a todos aqueles que desejam evoluir pessoal e profissionalmente utilizando-se de técnicas de negociação, estudos de comportamento humano e comunicação. Um negociador é um artista, precisa aperfeiçoar sua arte constantemente. Não importa se você é ou não da área de vendas ou compras, nem tampouco se você vende agulhas ou turbinas de avião. As técnicas são as mesmas e precisam ser aprendidas e aperfeiçoadas, para que sejam aplicadas de forma eficaz em ambientes formais, como disse, nas instituições e empresas de hoje. *Simplicidade* e *aplicabilidade*, guie-se por esses dois termos.

Mais uma razão importante para aprimorar as técnicas de negociação nas empresas e instituições é que está cada vez mais raro sermos surpreendidos por um atendimento realmente bom, que nos remeta a uma percepção real de relacionamento ganha-ganha. Isso se deve muito à falta de competência emocional e, em especial, de motivação das equipes nas linhas de frente.

Perceba como se comportam as pessoas bem-sucedidas e busque compreender aquilo que as torna tão especiais, tão diferentes. Quem sabe você seja uma joia rara, precisa apenas de um polimento? Comece seus estudos com a história de sucesso relatada a seguir, sobre como o "ser humano" faz a diferença em qualquer lugar ou situação.

1.1 Uma história de sucesso

Um fósforo, uma bala de menta, uma xícara de café e um jornal.

Uma história de atendimento ao público que vale a pena!

Esses quatro elementos fazem parte de uma das melhores histórias sobre atendimento que conheci. Este texto relata uma incrível experiência que tem rodado *e-mails* e redes sociais há tempos. Não foi atribuído a nenhum autor específico, portanto me aproprio da história para relatá-la brevemente. Vamos ao caso! Um homem estava dirigindo havia horas e, cansado da estrada, resolveu procurar um hotel ou uma pousada para descansar. Em poucos minutos, avistou um letreiro luminoso com o nome: Hotel Venetia. Quando chegou à recepção, o *hall* do hotel estava iluminado com luz suave. Atrás do balcão, uma moça de rosto alegre o saudou amavelmente: "bem-vindo ao Venetia!" Três minutos após essa saudação, o hóspede já se encontrava confortavelmente instalado no seu quarto e impressionado com os procedimentos, tudo muito rápido e prático. No quarto, uma cama impecavelmente limpa, uma lareira, um fósforo apropriado em posição perfeitamente alinhada sobre a lareira, para ser riscado. Era demais! Inacreditável tamanha atenção.

Aquele homem, que queria um quarto apenas para passar a noite, começou a pensar que estava com sorte. Mudou de roupa para o jantar (a moça da recepção fizera o pedido no momento do registro). A refeição foi tão deliciosa, como tudo o que tinha experimentado naquele local até então. Assinou a conta e retornou para o quarto. Fazia frio e ele estava ansioso pelo fogo da lareira. Qual não foi a sua surpresa! Alguém havia se antecipado a ele, pois havia um lindo fogo crepitante na lareira. A cama estava preparada, os travesseiros arrumados e uma bala de menta sobre cada um. Que noite agradável aquela! Na manhã seguinte, o hóspede acordou com um estranho borbulhar. Saiu da cama para investigar. Simplesmente uma cafeteira ligada por um *timer* automático, estava preparando o seu café e, junto, um cartão que dizia: "Sua marca predileta de café. Bom apetite!" Era mesmo! Como eles podiam saber desse detalhe? De repente, lembrou-se: no jantar o garçom perguntou-lhe qual a sua marca preferida de café. Em seguida, ele ouviu um leve toque na porta. Ao abrir, havia um jornal. "Mas, como pode?! É o meu jornal! Como eles adivinharam?" Mais uma vez, lembrou-se de quando se registrou: a recepcionista havia perguntado qual jornal ele preferia.

O cliente deixou o hotel encantado. Feliz pela sorte de ter ficado num lugar tão acolhedor. Mas o que esse hotel fizera mesmo de especial? Apenas oferecera um fósforo, uma bala de menta, uma xícara de café e um jornal.

Nunca se falou tanto da relação empresa-cliente como nos dias de hoje. Milhões são gastos em planos mirabolantes de marketing e, no entanto, o cliente está cada vez mais insatisfeito e mais desconfiado. Mudamos o *layout* das lojas, pintamos as prateleiras, trocamos as embalagens, mas nos esquecemos das pessoas. O valor das pequenas coisas conta, e muito. A valorização do relacionamento com o cliente. Fazer com que ele perceba que é um parceiro.

Isso vale também para nossas relações pessoais (namoro, amizade, família, casamento), enfim, pensar no outro como ser humano. Importar-se com o ser humano em sua plenitude, seus desejos e necessidades é, sem dúvida, a fórmula para o sucesso nos negócios. Não adianta um investimento milionário em publicidade enquanto promessa, se na hora de cumpri-la não temos gente interessada em atender gente, que sou eu, é você que está lendo este livro.

1.2 Conceitos de negociação e ética

Seria muito presunçoso de minha parte ousar discorrer de forma teórica sobre conceitos e aplicações da negociação a despeito de tantos autores consagrados, ou mesmo ter a pretensão de exaurir o tema neste livro. Desprovido dessa pretensão, convido você, leitor, a experimentar o tema sob uma ótica essencialmente prática, cheia de táticas e exercícios que irão aperfeiçoar ainda mais suas habilidades. Confesso ser um discípulo do professor Dante Pinheiro Martinelli (com privilégio) e também seguidor e admirador de William Ury e suas conhecidas táticas (*the walk from "no" to "yes"*), considerado uma autoridade mundial no assunto, a exemplo de Philip Kotler na área do marketing.

Entretanto, ao longo de minha vivência acadêmica e profissional, pude aprender muito e sinto-me firme ao sugerir alguns conceitos nesta primeira abordagem do assunto. A negociação pode ser descrita como um conjunto de estratégias e táticas utilizadas com o propósito de atingir um acordo agradável sobre diferentes ideias e necessidades.

Negociação é o processo de buscar um equilíbrio dos interesses, de modo que as partes envolvidas atinjam o melhor resultado para ambas. Mas essas partes devem estar conscientes de que foram ouvidas, tiveram a oportunidade de apresentar sua argumentação e que o produto final foi traduzido em benefício maior que o esforço da própria negociação. Trocando em miúdos, uma recompensa pelo esforço pessoal e financeiro empreendido em torno do objeto da negociação.

Pode-se conceituar de forma mais simples ainda: negociação é a busca de acordo entre partes envolvidas com objetivos e interesses peculiares. Desse modo, é inegável que a arte de negociar está presente em boa parte dos momentos da vida, desde uma ida ao supermercado até os negócios da NASA ou do Pré-Sal. As decisões que são derivadas das negociações são diretamente ligadas ao bem-estar das pessoas, desde que bem-sucedidas. Algumas variáveis importantes são destacadas pelos negociadores e tomam muito tempo do seu planejamento: o tempo, a informação e o poder. Pressupostos de hoje podem não mais ser válidos amanhã, porque tudo está em constante mudança. E também o próprio potencial negociador deve estar sempre em busca de desenvolvimento, para que por consequência possa antecipar-se às mudanças, administrando-as favoravelmente.

1.2.1 É preciso negociar com ética

Diante de uma cultura político-social-organizacional onde a ética vem sendo em muitos casos deixada de lado, cabe uma reflexão: Vale a pena negociar eticamente no Brasil? É lucrativo deixar de levar vantagem sobre os outros? Deve-se agir espertamente, "com malandragem", ou participar cooperativamente?

Afirmo categoricamente que negociar com ética é o caminho para os melhores resultados ao longo do tempo. Você constrói uma marca pessoal muito forte sobre si mesmo. Organizações e profissionais com postura ética tornam-se elementos de forte interesse por parte dos demais negociadores, já que inspiram confiança e credibilidade. Peter Drucker disse: "quanto mais bem-sucedido for o administrador, maior terá que ser sua integridade". Mais além, uma pesquisa da Exxon Education Foundation concluiu que "a ética aumenta a produtividade, reduz conflitos e reforça a instituição. Uma sólida base ética ajuda os administradores a conviverem com abruptas mudanças". Uma sólida ética ajuda a desenvolver bons relacionamentos, baseados na confiança e na credibilidade. Diante disso, proponho a você oito procedimentos eficazes, que ajudarão a solidificar a abordagem ética:

1. VERIFIQUE O QUE NÃO É NEGOCIÁVEL, É O SEU PRIMEIRO PONTO A OBSERVAR

Há muitas situações em que uma das partes não tem interesse em negociar por uma série de razões implícitas ou explícitas. Disse J. Kenneth Galbraith: "negociação é como sexo; é preciso que ambas as partes queiram". Se eu propusesse a você vender sua casa e você não o desejasse, nada o faria mudar de ideia. Então, para que haja negociação é preciso o desejo de ambas as partes.

2. SEJA HONESTO CONSIGO E COM OS OUTROS, O DESONESTO NÃO SOBREVIVE

Em negociação, você estará ganhando muito prestígio ao se tornar conhecido como alguém que se pauta pela honestidade, ainda que em certas situações isso possa ter um custo e até mesmo certas frustrações iniciais. Se, por exemplo, uma proposta de venda que você recebe está com algo errado, tal como preço ou prazo, e isso pode dar-lhe uma vantagem imprevista, só o fato de você alertar o outro lado para o equívoco já trará um grande respeito a sua figura.

3. SEMPRE CUMPRA O PROMETIDO, ESTA REGRA SE APLICA A TUDO E A TODOS

A palavra empenhada em uma negociação é uma dívida a ser cumprida! Nunca faça promessas inalcançáveis ou simplesmente oportunistas em determinada situação só para concluir uma negociação aparentemente favorável. Você deve sempre gerar confiança e credibilidade, fatores básicos na ética negocial. Esteja sempre preparado para dizer a verdade sobre tudo, porque, se algo sair errado, isso acontecerá sempre no pior momento possível.

4. GERE OPÇÕES, ISSO SIGNIFICA NUNCA DEIXAR A OUTRA PARTE SEM SAÍDA

Estude suas alternativas na fase de preparação da negociação e gere um leque de opções a serem apresentadas. Isso facilitará seu desempenho e ajudará a quebrar eventual insensibilidade do outro lado na busca de uma solução eticamente satisfatória.

5. ESTEJA DISPOSTO A DIZER NÃO, ÀS VEZES SEU "NÃO" PODE SER ESPERADO

Mesmo que aparente ser desconfortável, não hesite em dizer não quando determinado momento mostra que os fatos não estão corretos do ponto de vista ético. Essa negativa não deverá parecer um confronto, e sim mostrará sua disposição e força interior, gerando mais respeito e disposição para o que é legítimo, sem ferir a dignidade ou aspectos morais de ambos.

6. PROCURE CONHECER AS LEIS, AFINAL, NINGUÉM DECIDE NA ESCURIDÃO

O Brasil é um país pródigo em instrumentos legais, aliás, uma grande festa. É realmente uma floresta de bambus a ser desvendada. Nesse contexto, convém você procurar se familiarizar pelo menos com as leis que diretamente possam afetar sua ação na negociação e ter muito cuidado com o contrato, antes de assinar. Algumas das leis mais pertinentes são o Código de Defesa do Consumidor (Lei 8.087), a do pregão eletrônico nas licitações (Lei 10.520) e os próprios Códigos Civil e Penal. É oportuno lembrar que os Códigos de Ética das instituições profissionais (OAB, CRA, CREA, CRM, CRC etc.) podem fornecer interessantes subsídios para quem negocia. Nos casos de necessidade de maior aprofundamento, convém você buscar a participação de um advogado especializado e de confiança. Essa ação é igualmente importante se você negociar internacionalmente: procure conhecer as leis locais do país! Ah, antes que eu esqueça: muito cuidado com as armadilhas dos contratos (leia, releia, peça ajuda se não souber desvendar). Muitas pessoas (e até instituições como bancos, seguradoras etc.) apresentam contratos gigantescos e com letra quase invisível (de propósito). Não se iluda com promessas e facilidades, leia tudo, tudo mesmo.

7. USE SURPRESAS MODERADAMENTE, CONFORME GALILEU GALILEI

Um processo de negociação bem planejado é a chave para evitar a utilização de muitas atitudes surpreendentes na reunião e ajuda a estabelecer um clima de confiança e profissionalismo. Surpresas podem ter algum efeito positivo e gerar valor em seu resultado, desde que alicerçadas em fatos concretos, e especialmente na segurança daquilo que se propõe. Conforme Galileu dizia: "só os idiotas falam tudo o que sabem no primeiro momento".

8. MATERIALIZE A REGRA DE OURO: TRATE O OUTRO COMO A SI MESMO

Se você quer ser reconhecido como um negociador competente e acima de tudo ético, lembre-se desta regra de ouro: trate sempre o outro negociador da mesma forma como você gostaria de ser tratado por ele! Isso humaniza o processo e ajuda a construir um relacionamento sólido e efetivamente profissional, pautado pelo respeito e pela honestidade que afinal caracterizam um ambiente ético na negociação. Pratique, pratique muito, só assim você se tornará um grande negociador. É importante também buscar qualificação e aperfeiçoamento.

1.2.2 O seu perfil profissional como negociador

Aqui você encontrará uma maneira simples de estudar e aprender um pouco sobre si mesmo, seu comportamento e atitudes.

Abaixo estão listadas várias características de dois tipos de comportamento <u>dominante e condescendente</u>. Dominante é aquele que toma a frente nas decisões, nos desafios, trabalhos em grupo, ou até mesmo exerce uma liderança natural sobre os demais. Condescendente é um apoiador, uma pessoa mais flexível e que coopera com as demais, é muito mais um bom parceiro.

a) Em cada linha, existem duas características. Tendo em mente o seu próprio comportamento profissional, escolha em cada linha apenas uma característica, de modo que ao final você tenha assinalado um total de dez, distribuídas entre as duas colunas:

CARACTERÍSTICAS DO COMPORTAMENTO DOMINANTE		CARACTERÍSTICAS DO COMPORTAMENTO CONDESCENDENTE	
Toma iniciativa	( )	Espera ser solicitado	( )
É loquaz (falante)	( )	É quieto, reservado	( )
Comunica-se com rapidez	( )	Comunica-se com ponderação	( )
É desafiador	( )	É encorajador	( )
É direto	( )	É sutil	( )
Faz afirmações	( )	Faz perguntas	( )
Aparenta confiança	( )	Aparenta dúvida	( )
É ativo	( )	É reativo	( )
Toma decisões rápidas	( )	Toma decisões analisadas	( )
Tem sentido de urgência	( )	Tem sentido de paciência	( )

Verifique agora quantas características você assinalou em cada coluna e registre as somas abaixo.

SOMA _____   SOMA _____

Pois bem, a próxima etapa do teste é sobre comportamento informal e formal. A pessoa mais informal é bastante flexível e adaptativa. Já uma formal é mais severa, e no seu cotidiano ela utiliza estritamente as normas e a maneira formal de executar as coisas.

Conceitos, Competências e Estudos do Comportamento **11**

b) A seguir estão listadas várias características de dois tipos de comportamento: informal e formal. Em cada linha, existem duas características. Tendo em mente o seu próprio comportamento profissional, escolha em cada linha apenas uma característica, de modo que ao final você tenha assinalado um total de dez, entre as duas colunas.

CARACTERÍSTICAS DO COMPORTAMENTO INFORMAL		CARACTERÍSTICAS DO COMPORTAMENTO FORMAL	
É espontâneo	( )	É autocontrolado	( )
É compulsivo	( )	É autodisciplinado	( )
Expressa sentimentos	( )	Oculta sentimentos	( )
É brincalhão	( )	É retraído	( )
Parece acessível	( )	Parece inacessível	( )
É orientado para o relacionamento	( )	É orientado para resultados	( )
É caloroso	( )	É impassível	( )
É orientado para o macro	( )	É orientado para o micro	( )
É improvisador	( )	É organizado	( )
Aproxima-se	( )	Mantém distância	( )

SOMA _____   SOMA _____

Continuando com o exercício, você verá uma ilustração (diagrama), contendo quatro quadrantes. Assinale em cima da linha a posição correspondente ao seu resultado obtido anteriormente, ou seja: características do comportamento dominante, condescendente, informal e formal. Agora desenhe seu gráfico formando um quadrado ou retângulo com a junção das quatro variáveis. Esse gráfico identifica o quadrante que representa seu estilo predominante.

Agora você pode passar as somas obtidas para o gráfico abaixo e avaliar-se:

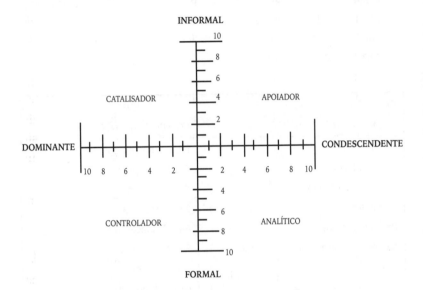

Nenhum teste é à prova de erros, mas certamente os resultados se aproximam muito do seu estilo de negociador, do seu comportamento no dia a dia. Observe suas atitudes e seja sincero consigo mesmo. Um dominante catalisador é aquele que reúne e agrega as pessoas e as tarefas em torno de si e lidera junto com a sua equipe. Já o dominante controlador é um centralizador, determina e cobra sua equipe pelos resultados esperados. É geralmente formal e de difícil trato no dia a dia, demandando muito esforço dos interlocutores, e dificilmente se convence de algo. Já um condescendente pode ser analítico ou apoiador.

No caso de um apoiador, a característica principal é flexibilidade e facilidade para tratar os assuntos do dia a dia, sendo envolvido facilmente em desafios e concordando facilmente com as decisões. Já um condescendente analítico é um pouco mais "pés no chão", não aceitando tão facilmente a direção ou as decisões tomadas sem antes ter provas concretas, números e outros detalhes.

Em negociação, podem-se ainda destacar dois tipos de habilidades: **habilidades técnicas e habilidades interpessoais**. O primeiro relaciona-se com o conhecimento de técnicas, processos e táticas para negociação; o outro se relaciona com o conhecimento interpessoal dos envolvidos na negociação (qual o estilo de cada um, quais suas forças, fraquezas, necessidades, motivações etc.).

O que ocorre é que geralmente nos cursos que são ministrados sobre o assunto negociação, tem-se dado maior destaque ou ênfase às habilidades técnicas do que às habilidades interpessoais. Ainda assim, ter conhecimento do negócio pode caracterizar o sucesso ou o fracasso nas negociações. Trata-se do conhecimento mínimo do assunto objeto da negociação.

Vamos analisar os estilos de negociadores mais especificamente:

CATALISADOR

O negociador com este estilo tende a ser um entusiasta dos grandes empreendimentos, motivador e inspirador. Geralmente chama para a si a responsabilidade, a tomada de decisão e a iniciativa de empreendedor. É o homem das coisas novas, da tecnologia. Eventualmente, esse negociador pode ser visto como superficial, irreal, estratosférico em suas decisões e ações, caso seja leviano ou inconsequente.

APOIADOR

O apoiador aprecia atuar sempre em equipe, procura incentivar, estar junto, trabalhar em coletividade. Eventualmente pode ser visto como incapaz de cumprir prazos, desenvolver projetos, enfim, mais como um missionário do que um executivo. Suas decisões são mais lentas e ele sempre busca não melindrar a outra parte, por ser humanista.

CONTROLADOR

Geralmente toma decisões rápidas, está sempre preocupado com o uso do seu tempo, com redução de custos, vai direto ao assunto, é organizado, conciso, objetivo, sua meta básica é conseguir resultados. Pode ser interpretado como um sujeito durão, cheio de si (arrogante) e insensível. Pode ser problemático se excessivamente centralizador. O controlador é um dominante e pode ser um tipo de negociador ou líder inconsequente.

ANALÍTICO

Analítico é aquele que necessita obter o máximo de informações, coletar todos os dados disponíveis, números, sempre se preocupando em saber dos detalhes de cada empreendimento antes de iniciar qualquer tarefa ou tomar qualquer decisão. Eventualmente, esse negociador pode ser visto como sendo perfeccionista e detalhista. É um tipo interessante em grupos de pessoas com características heterogêneas, já que esse tipo preocupa-se em "colocar os pés no chão", ou seja, chamar as pessoas de volta de suas elucubrações no sentido da realidade.

Não existe um estilo melhor ou pior, existem apenas estilos. O importante é saber reconhecer nas negociações quais são as características predominantes em cada ator, já que o cenário pode não ser favorável ao negociador estritamente técnico.

Nos processos de comunicação a grupo maior de pessoas é importante que nossos argumentos e colocações respeitem as pessoas, com características de cada estilo. Negociar é também o processo de atendimento de necessidades mútuas. Então, falemos um pouco sobre qual o tipo de necessidade que caracteriza cada estilo. Para o estilo catalisador, as necessidades são de reconhecimento; apelar para aspectos de novidade, singularidade, inovação, disponibilidade ajudará no processo de negociação/comunicação. O apoiador procura a aceitação, alguém que o aceite sem julgar; nesse caso, a menção a harmonia, ausência de conflitos, garantia de satisfação ajudará no processo de negociação/comunicação. Para o estilo controlador, as necessidades são de realização; tudo o que se relacionar com alcance de metas, resultados, com ganhar tempo e dinheiro, vencer, ser independente, ajudará no processo de negociação/comunicação. Já o analítico está sempre em busca de segurança e de certeza; fornecer-lhe os dados disponíveis, alternativas para análise, decisões seguras, pesquisas sem fim ajudará no processo de negociação/comunicação.

Outros aspectos influenciam positiva ou negativamente as decisões de negociação, como, por exemplo: credibilidade, cumprir o que promete; coerência, dizer a verdade sem dissimular; aceitação das diferenças, ou seja, não agir com preconceito; clareza, ou seja, não deixar dúvidas sobre nenhum detalhe importante daquele negócio; e por último a flexibilidade, que é a capacidade de considerar as necessidades alheias pelo menos tão importantes quanto as minhas, e a possibilidade de inovar.

1.3   Estratégias para a negociação

1.3.1   Planejamento

O planejamento aparece como uma estratégia de negociação, pois, quanto mais enfático e quanto mais detalhado ele for, melhor. Sabe-se ainda que muitos negociadores não criam seu planejamento antes de iniciar uma negociação. Dessa forma, o planejamento deve envolver o maior número de questionamentos possíveis, que vão desde questões pessoais sobre o outro negociador até o conhecimento sobre o negócio e o objeto de negociação em si (como o produto, o serviço, o preço, a forma de organização e administração de uma empresa). Não se pode deixar de observar o histórico de negócios anteriores (sucesso ou fracasso das negociações anteriores) e o estudo detalhado de seus resultados.

"Ganha-ganha"

Isso significa que ambas as partes envolvidas na negociação obtêm aquilo que desejam de forma satisfatória. É relevante o estudo e o planejamento anterior, a fim de que um objetivo comum seja alcançado. Mas os objetivos nem sempre serão os mesmos e, por isso, há de se encontrarem meios de ampliar os objetivos, gerando a interseção do que é almejado pelas partes envolvidas, com o intuito de que todos saiam ganhando em uma negociação.

Foi matematicamente comprovado que um relacionamento onde apenas um componente sai ganhando, ou seja, uma relação ganha-perde, gera frustração e, por conseguinte, o abandono ou a cisão de uma parceria. Quando uma parte percebe que sai em desvantagem e chega a resultados indesejados na negociação, essa parte tende a desprezar a outra, não desejando realizar novos negócios.

Linguagem simples e acessível

É extremamente importante observar a linguagem de seu interlocutor e adaptá-la a sua própria realidade. Isso porque, para se ter clareza no final da negociação é importante desenvolver aptidões de comunicação. Quando falamos em linguagem simples e acessível, não estamos apenas citando a fala; isso envolve também os possíveis documentos, a apresentação dos argumentos, a segurança no momento de expor os temas e benefícios e também a linguagem corporal, que será vista mais adiante.

Ouvir atentamente e entender a outra parte

Considera-se primordial, envolvendo ainda a questão estabelecida com a comunicação, que não restem dúvidas no processo de negociação. Assim, o velho ditado que diz "perguntar não ofende" é verdadeiro quando se trata de negociação: pergunte e fique sempre muito atento às respostas de seus interlocutores. Nelas, por vezes, encontra-se a chave para o acordo mais adequado.

O que está sendo negociado

Muitas vezes os negociadores são pessoas que estão representando um produto, uma organização e uma marca e, por sua vez, possuem objetivos comuns. É fundamental não confundir a relação interpessoal com o objeto a ser negociado. Lidar diretamente com o objeto mantém uma boa relação de trabalho. Com isso, o negociador deve fundamentar seu relacionamento com o outro em percepções exatas, com uma comunicação clara e principalmente com uma visão voltada para os benefícios futuros, ganhos futuros, enfim, nessa linha de raciocínio. Com isso, o foco da negociação permanece no objeto e não na pessoa do negociador.

1.3.2 Características dos negociadores

CARACTERÍSTICAS DO VENCEDOR	CARACTERÍSTICAS DO PERDEDOR
GOSTA DO QUE FAZ	TRABALHA POR OBRIGAÇÃO
TEM ENTUSIASMO CONTAGIANTE	ESTÁ SEMPRE DESANIMADO
É BEM-HUMORADO	RECLAMA E RESMUNGA O TEMPO TODO
FAZ AMIGOS E RELACIONA-SE BEM	DIFÍCIL DE TRATAR
CRIA METAS PARA SI MESMO	TRABALHA SEM OBJETIVO
É ATIVO	É ACOMODADO
É CURIOSO/QUER/GOSTA DE APRENDER	NÃO GOSTA DE ESTUDAR
É ATUALIZADO E INFORMADO	VIVE DE HÁBITOS
SABE TUDO SOBRE VENDAS	ACHA QUE JÁ SABE TUDO
PROCURA SUPERAR-SE	É ROTINEIRO
CONQUISTA CLIENTES	PERDE CLIENTES
É CRIATIVO EM ARGUMENTAR	SEMPRE A MESMA CONVERSA
GOSTA DE DESAFIOS	PROCURA SEGURANÇA/NUNCA ARRISCA
PREPARA E PLANEJA SUAS VENDAS	SÓ IMPROVISA
CONHECE SEU PRODUTO	SABE POUCO SOBRE O PRODUTO
BOM COMUNICADOR	TÉCNICAS DE RELACIONAMENTO FRACAS
BOM EM RELAÇÕES HUMANAS	CONHECE POUCO DE NEGÓCIOS
CONHECE SEU MERCADO/CLIENTES	NÃO TEM INTERESSE
ACHA QUE TEM CARREIRA ILIMITADA	LIMITA-SE A SUAS PRÓPRIAS CONVICÇÕES
VESTE A CAMISA DA EMPRESA	NÃO VÊ FUTURO EM VENDAS
É UM ESPECIALISTA	TRABALHA EM QUALQUER LUGAR
ARGUMENTA COM MUITA LÓGICA	NÃO TEM QUALIFICAÇÕES
SABE PERGUNTAR E PEDIR	NÃO SABE ARGUMENTAR
DETERMINA NECESSIDADES	NÃO PERGUNTA
CONHECE TUDO SOBRE BENEFÍCIOS	NÃO SABE IDENTIFICAR NECESSIDADES
TEM APARÊNCIA PROFISSIONAL	NÃO TEM APARÊNCIA PROFISSIONAL
TEM CONVERSA E ATITUDE PROFISSIONAIS	NÃO CUIDA DA APARÊNCIA

É OTIMISTA	NÃO SABE O QUE É PROFISSIONALISMO
É INTERESSANTE/SIMPÁTICO	CRITICA E IRRITA
É PERSUASIVO	É CHATO, ANTIPÁTICO E POLÊMICO
CONVERSA NA JUSTA MEDIDA	ENTEDIA E ABORRECE
SABE QUANDO FECHAR A VENDA	NÃO SABE O MOMENTO DE FECHAR A VENDA
CONTORNA OBJEÇÕES COM ASTÚCIA	INTIMIDA-SE COM OBJEÇÕES
TEM ALTO ÍNDICE DE PRODUTIVIDADE	VENDE POUCO
COOPERA/AJUDA/INCENTIVA	TIRA O CORPO FORA
VIVE A VIDA	PEDE AJUDA SEMPRE
TIRA PARTIDO DA VIDA	DESANIMA
AGARRA AS CHANCES	PASSA PELA VIDA
CRIA OPORTUNIDADES	QUER LEVAR VANTAGEM SEMPRE
LUTA SEM ESMORECER	NÃO SE MEXE, VIVE CANSADO
É PERSEVERANTE E DETERMINADO	QUER SER EMPURRADO

1.4 Competências fundamentais para a negociação

Os funcionários da linha de frente de atendimento e vendas ao cliente, e os compradores, precisam ter pelo menos 15 competências especiais:

1) **Desenvolver a confiança e a fidelidade dos clientes.** Atender às necessidades dos clientes progressivamente e fazer o que é mais sensato para preservar a boa vontade deles.

2) **Colocar-se no lugar dos clientes.** Demonstrar sensibilidade em relação aos problemas dos clientes, preocupar-se genuinamente e mostrar respeito, reconhecendo os diversos tipos de personalidade para agir adequadamente.

3) **Comunicar-se bem.** Ser articulado e diplomático, fazer perguntas pertinentes e de forma aberta.

4) **Dominar a tensão.** Permanecer organizado, calmo e construtivo. Demonstrar tolerância e paciência e saber controlar as emoções.

Conceitos, Competências e Estudos do Comportamento **19**

5) **Prestar atenção.** Não apenas ouvir os clientes, mas também captar o significado do que dizem.

6) **Estar sempre alerta.** Lidar com as informações rapidamente.

7) **Trabalhar bem em equipe.** Cooperar com os outros e manter relacionamentos positivos e produtivos com outros grupos de funcionários, quer sejam de áreas como cobrança, cadastro e técnica.

8) **Demonstrar confiança e lealdade.** Desempenhar bem e de forma coerente a tarefa, mantendo lealdade à empresa, com palavras e atitudes.

9) **Demonstrar motivação pessoal.** Ser atencioso, otimista e prestativo. Mostrar interesse no autodesenvolvimento, ser autoconfiante e independente no trabalho.

10) **Resolver problemas.** Ser capaz de resolver uma gama variada de problemas dos clientes, coletando e analisando informações para discutir soluções e chegar à mais adequada delas.

11) **Manter o profissionalismo.** Apresentar-se bem, o que inclui boa aparência na forma de se vestir e uma atitude calma e profissional.

12) **Entender a empresa e o setor.** Compreender as operações de outros departamentos e funções e as qualidades e limitações dos produtos e serviços da empresa.

13) **Conservar a energia.** Suportar um alto nível de trabalho e ser eficiente.

14) **Aplicar conhecimento e habilidades técnicas.** Saber usar equipamentos de tecnologia de ponta, ferramentas e quaisquer outros recursos disponíveis.

15) **Organizar as atividades de trabalho.** Ter um método eficiente e ordenado de cumprir as tarefas, o que inclui a decisão sobre prioridades e a solução simultânea de problemas.

William Ury, fundador e diretor do Programa de Negociação da Universidade Harvard, nos Estados Unidos, e autor do livro *Getting to yes*, entre outros, define negociação como uma comunicação em duas vias, com interesse em comum. O autor identificou algumas habilidades muito importantes para um profissional se tornar um negociador bem-sucedido. Vamos estudá-las:

1) **Habilidades pessoais: filósofo e psicólogo**

   Habilidade de filósofo: manter a calma e o autocontrole, a autodisciplina. Não perder de vista o objetivo e, mesmo tentado a dar respostas agressivas, não fazê-lo! Não se esqueça de ouvir o que você mesmo está dizendo, isto eu falo e repito sempre aos meus alunos.

   Habilidade de psicólogo: isso, segundo o autor, significa empatia. Colocar-se no lugar do seu interlocutor, sentir os sinais mais tênues de expressões que possam estar levando a contrariedade ou aceitação. Crie uma relação de confiança e respeito.

2) **Habilidades relacionadas com o problema**

   Habilidade de investigador para traçar claramente o problema ou a situação negocial.

   Tente descobrir o máximo possível de informações da pessoa com quem está negociando. Quais são os seus interesses e as suas motivações? E as suas necessidades, os desejos? O que o deixa nervoso, inseguro ou preocupado? Utilize frases como: "ajude-me a entender as suas necessidades"; "o que haveria de errado em...?"; "pelo que o senhor mesmo disse, então...".

3) **Habilidade de inventor**

   Ao invés de criticar a proposta do outro ou dizer "isso não é o que quero!", tente inventar situações. Conversem para poderem, juntos, identificar os pontos positivos/negativos da proposta. Construa cenários para que seja possível encontrar uma solução que atenda aos seus interesses e aos interesses do outro negociador, do seu interlocutor.

4) Habilidade de juiz

Durante a negociação, você precisará ser um juiz, ou seja, decidir o que é ou não justo no que está sendo conversado. Esteja aberto aos argumentos da contraparte, desde que válidos. Avalie se o que está sendo dito tem lógica e se não é uma daquelas propostas suicidas ou, como dizemos em metáfora popular, "leonina", egoísta e impraticável.

5) Habilidades relacionadas com a decisão, que são subdivididas em: estrategista, diplomata

Ser um estrategista inclui imaginar quais são as ações que a contraparte poderá tomar. É como num jogo de xadrez: antes de mexer qualquer peça, você precisa avaliar o que aquela ação vai influenciar no jogo do outro. Quais são as peças que ele detém? Qual é a posição delas e que tipo de risco representam? Isso envolve pensar bastante antes de tomar qualquer decisão. Muitas pessoas, na ânsia de acabarem logo com a negociação ou de conseguirem o que querem mais rapidamente, agem de forma precipitada. Não se deve tomar decisões precipitadas, impensadas, é muito perigoso. Para ser um diplomata, é preciso criar uma ponte para que o seu adversário possa chegar até você. Seja amigável, mas isso não significa que tenha de aceitar tudo o que o outro propõe. Trabalhe para que os outros respondam afirmativamente às suas propostas e não para que antipatizem com a sua pessoa e você acabe não conseguindo chegar a um acordo.

1.5 Comportamento humano e a negociação

Seres humanos, reconhecendo suas necessidades e desejos, adquirem bens ou serviços em troca de algum valor, sendo essa contrapartida revertida em satisfação através do bem-estar proporcionado pela aquisição. Este é o ponto de partida para a negociação: os interesses.

Assim, é possível delinear uma contextualização relacionada ao estudo de comportamento através da exploração de fatores motivacionais e comportamentais como a satisfação, a efetividade e a aceitabilidade de algum produto ou serviço.

Conhecer o consumidor não é tarefa simples. Ele pode declarar suas necessidades e desejos, mas agir de forma diferente. Pode não manifestar suas motivações mais profundas e reagir a influências que mudem sua mente e suas opiniões no último minuto.

O ponto de partida para conhecer o comportamento do consumidor é o modelo de estímulo/resposta, preconizado por Kotler no modelo apresentado a seguir. Os estímulos comportamentais e de marketing entram na consciência do comprador, sendo suas características e o processo de decisão o que leva à decisão de adoção. É importante saber o que acontece na consciência do consumidor entre a chegada de estímulos externos e a sua decisão de adoção ou aprovação.

1.5.1 Modelo de comportamento de adoção

Fonte: Kotler (1993, p. 80).

Por isso, deve-se saber como as características do cliente (culturais, sociais, psicológicas e pessoais) influenciam seu comporta-

.mento nos processos decisórios de adoção. Ninguém adota um determinado produto ou serviço ao experimentá-lo simplesmente. Muitas vezes, o consumidor adquire mas não há efetiva adoção, ou por arrependimento ou porque os benefícios prometidos não foram percebidos de fato. Outro estudo conhecido refere-se à hierarquização das necessidades, de acordo com o modelo a seguir.

1.5.2 Teoria da motivação de Maslow

Para Maslow, "as necessidades humanas são organizadas em uma hierarquia, partindo das mais urgentes às menos urgentes". (MASLOW, apud KOTLER; ARMSTRONG, 1993, p. 81). A Hierarquia de Necessidades de Maslow é mostrada de forma objetiva na figura abaixo, em que se pode perceber uma das muitas maneiras de desencadeamento do processo decisório.

Hierarquia das Necessidades de Maslow

Fonte: Kotler (1993, p. 81).

As pessoas também podem manifestar diferentes percepções dos mesmos objetos em razão de três processos:

a) **Atenção seletiva** – cada pessoa percebe estímulos diferentes. Ex.: é mais provável que as pessoas percebam estímulos relacionados a uma necessidade atual; estímulos cujos desvios sejam maiores em relação a um estímulo normal; ou estímulos previstos.

b) **Distorção seletiva** – descreve as tendências das pessoas de mudarem as informações conforme suas intenções pessoais.

c) **Retenção seletiva** – as pessoas esquecem mais do que aprendem. Tentarão reter as informações que reforcem suas atitudes e crenças.

1.6 Outros fatores que influenciam o processo de adoção

Aprendizagem

Descreve as mudanças no comportamento do indivíduo, decorrentes da experiência. Quando as pessoas agem, elas aprendem. A aprendizagem de uma pessoa é produzida através da atuação recíproca de impulsos, estímulos, sugestões, respostas e reforço.

Crenças e atitudes

A crença é um pensamento descritivo que uma pessoa sustenta sobre algo. Uma atitude descreve uma resistência favorável ou não de uma pessoa em relação às avaliações cognitivas, aos sentimentos emocionais e às tendências de ação em relação a um objeto ou ideia. Além de conhecer as várias influências sobre os compradores, é preciso desenvolver uma compreensão de como eles realmente tomam suas decisões de compra.

1.6.1 Estágios do processo de decisão do consumidor

Conforme Kotler existem cinco estágios no processo de decisão de compra:

Modelo de Cinco Estágios do Processo de Decisão do Comprador

Fonte: Kotler (1993, p. 101).

a) Reconhecimento do problema

É a percepção pelo consumidor, entre seu estado real e o estado desejado, sendo que essa privação, se constitui uma necessidade, pode ser desencadeada por estímulos internos. Assim, essa necessidade eleva-se a nível tal, a tornar-se um impulso para a adoção. Com base em experiências passadas, a pessoa aprendeu a lidar com esses impulsos e a controlá-los, e assim é motivada para a obtenção do objeto com o qual será satisfeita.

b) Busca de informações

Um consumidor motivado poderá ou não buscar mais informações. Se o impulso do consumidor for forte o bastante e um objeto de gratificação satisfatória estiver à mão, provavelmente o comprará. Caso contrário, o consumidor poderá simplesmente adiar a satisfação da necessidade ou proceder à busca de informações, visando a sua necessidade.

As influências das fontes de informação no processo de compra poderão ser decisivas quanto à adoção, de acordo com o produto ou o comprador. Segundo Kotler (1999), podem ser:

- pessoais – família, amigos, vizinhos, conhecidos;
- comerciais – propagandas, vendedores, embalagens, *displays* etc.;
- públicas – mídia e organizações de defesa do consumidor;
- experimentais – manuseio, exame e uso do produto.

c) Avaliação de alternativas

A questão agora é: como o consumidor escolhe entre as marcas? Infelizmente, não existe nenhum processo simples e único de avaliação usado por todos os consumidores, ou mesmo por um único consumidor em todas as situações de compra. O processo de avaliação de alternativas do consumidor deve ser entendido do ponto de vista de que ele está procurando satisfazer uma necessidade e, portanto, está em busca de benefícios que poderão ser adquiridos com a aquisição de algo. Além disso, cada consumidor vê naquilo que adquire um conjunto de atributos com capacidades variadas para proporcionar os benefícios procurados e, por conseguinte, a satisfação da necessidade.

Em seguida, o consumidor dará diferentes pesos de importância a cada atributo. Devem ser atendidos com ênfase os atributos mais salientes, não se esquecendo que a importância dos atributos é maior do que o seu destaque, avaliando a importância da decisão.

De acordo com Kotler (2006), o consumidor desenvolverá, provavelmente, um conjunto de crenças de marcas sobre a posição de cada marca em relação a cada atributo. Isso é chamado de "imagem da marca" e poderá variar conforme a verdade dos atributos reconhecidos pelo processo de aprendizagem do indivíduo. Por último, "supõe-se que o consumidor possui uma função-utilidade para cada atributo sendo esta função que mostra como o consumidor espera que sua satisfação total com o produto varie de acordo com os diferentes níveis dos diversos atributos".

d) Decisão de compra

Segundo Kotler, no estágio de decisão de compra, o consumidor escolhe entre as marcas em um grupo de escolha. A decisão será de adquirir a marca preferida, porém dois fatores podem interferir entre a intenção e a decisão de compra. São eles:

- atitudes dos outros: quanto mais intensa for a atitude do outro em estimular a decisão e mais próxima (íntima) for a relação entre os envolvidos, maior o efeito;

- <u>fatores imprevistos</u>: o consumidor forma a intenção de compra com base em fatores como renda familiar, preço e benefícios esperados do produto. Porém, quando o consumidor está pronto para agir, fatores inesperados poderão acontecer, mudando a intenção de compra. Por exemplo, poderá perder o emprego ou alguma outra compra poderá surgir como mais urgente. A decisão do consumidor em adiar, mudar ou evitar uma decisão de compra é fortemente influenciada pelo risco percebido, ou seja, a consequência da aquisição. Com base nisso, o comprador toma certas atitudes para reduzir esse risco, como coletar mais informações, buscar novas marcas, garantias etc.

e) Comportamento pós-compra

Após a compra, o consumidor ficará satisfeito ou não com o produto e iniciará um comportamento pós-compra, de interesse do profissional de marketing. O que determina a satisfação do consumidor é a relação entre as expectativas do consumidor e a *performance* percebida. Se o produto não corresponder às expectativas o cliente estará desapontado. Os consumidores baseiam suas expectativas em mensagens que recebem dos vendedores, dos amigos e de outras fontes de informação. Se o vendedor exagerar a *performance* de um produto, as expectativas do cliente não serão satisfeitas. Quase todas as compras resultam em dissonância cognitiva ou desconforto causado por um conflito pós-compra. Os consumidores se sentem satisfeitos com os benefícios da marca escolhida e felizes por terem evitado as desvantagens das marcas recusadas. Por outro lado, toda compra envolve certos compromissos. Os consumidores se sentem inquietos por estarem adquirindo as desvantagens da marca escolhida e estarem perdendo os benefícios da marca recusada. Assim explica-se a dissonância pós-compra em toda compra. Claramente, informações negativas se espalham mais fácil e rapidamente que as positivas e podem prejudicar a empresa e suas marcas e produtos de acordo com a atitude dos consumidores.

Os profissionais de marketing devem ter conhecimento das diversas maneiras pelas quais o consumidor lida com sua insatisfação, portanto uma empresa deve medir constantemente a satisfação do consumidor. De fato, não se pode apenas esperar que os consumidores insatisfeitos manifestem suas reclamações, já que, segundo pesquisas, 96% dos consumidores insatisfeitos não reclamam.

1.6.2 Principais fatores que influenciam o comportamento do consumidor

De acordo com estudos da área de marketing, especialmente sobre o comportamento do consumidor, muitos são os fatores que colaboram para as reações dos consumidores e, para que as empresas possam melhorar sua *performance* ao lançarem produtos ou serviços, elas devem estudar atentamente essa teoria.

Modelo detalhado dos fatores que influenciam o comportamento

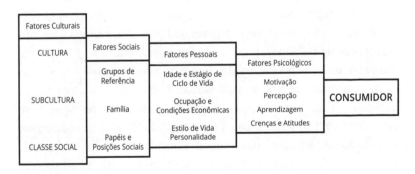

Fonte: Kotler (1999, p. 89).

A figura apresenta um modelo detalhado dos fatores que influenciam o comportamento do consumidor no momento da decisão. A seguir são explicados os estágios desse modelo.

a) Fatores culturais

Os fatores culturais exercem a mais ampla e profunda influência sobre o comportamento do consumidor. Segundo Kotler, a "cultura é o determinante fundamental dos desejos e do comportamento de uma pessoa". Cada pessoa tem seu nível de cultura decorrente do seu ambiente de convivência, interno e externo. Segundo o autor, a subcultura e as classes sociais também influenciam o comportamento, como divisões relativamente homogêneas e duradouras de uma sociedade, que são ordenadas hierarquicamente e cujos membros compartilham valores, interesses e comportamentos similares. As pessoas dentro de cada classe social tendem a um comportamento semelhante, comparando-se com indivíduos de outras classes.

A classe social de um indivíduo é determinada por algumas variáveis: ocupação, renda, riqueza, educação e orientação de valor. Porém, durante a vida o indivíduo poderá mover-se de uma classe social para outra (para cima ou para baixo). As classes sociais mostram preferências distintas por marcas e produtos, como móveis, vestuário, automóveis, lazer, alimentos especiais, bebidas, serviços e outros. Alguns bens de consumo são segmentados por classe social, visando a atender especificamente um mercado potencialmente consumidor.

b) Fatores sociais

Os fatores sociais, como grupos de referência, família, papéis e posições sociais também influenciam no comportamento de um consumidor. Os grupos de referência, segundo Kotler, compreendem todos os grupos que têm influência direta ou indireta sobre as atitudes ou o comportamento do indivíduo. Eles são grupos aos quais a pessoa pertence e com os quais interage:

- primários – família, amigos, vizinhos, colegas de trabalho;
- secundários – grupos religiosos, profissionais e sindicatos;

- de aspiração – grupos aos quais uma pessoa gostaria de pertencer;

- dissociação – é aquele cujos valores e comportamentos são rejeitados por um indivíduo.

Segundo o autor, "o papel e posição social influencia diretamente o comportamento". Cada papel significa uma posição social.

Os fatores pessoais influenciam notadamente o comportamento e as decisões no momento da adoção (compra) pelo consumidor. Fatores como:

- idade;

- estágio do ciclo de vida;

- ocupação;

- situação econômica;

- estilo de vida;

- personalidade;

- autoestima.

c) Fatores pessoais

As pessoas compram diferentes bens e serviços de consumo em cada idade de sua vida. A ocupação e condições econômicas de uma pessoa também influenciam seu padrão de consumo. A escolha de produtos é bastante afetada pelas condições econômicas que consistem em renda disponível (nível de renda, estabilidade e período de tempo, poupança e patrimônio), dívidas, condições de crédito e atitude em relação às despesas *versus* poupança.

Quanto o estilo de vida e personalidade representam o padrão de vida expresso nas atividades, interesses e opiniões de uma pessoa. Retratam a pessoa por inteiro interagindo com seu ambiente. "Na personalidade incluem-se as características psicológicas distintas de uma pessoa, que levam a respostas consistentes e duradouras em seu ambiente."

d) Fatores psicológicos

Os fatores psicológicos influenciam o comportamento de uma pessoa. Conforme Kotler, há quatro importantes fatores psicológicos:

- Motivação: um motivo é uma necessidade que esteja pressionando suficientemente para levar uma pessoa a agir. Existem necessidades fisiológicas e psicológicas. São várias as teorias sobre motivação humana.

- Percepção: as pessoas podem manifestar diferentes percepções dos mesmos objetos em razão de três processos: atenção seletiva – cada pessoa percebe estímulos diferentes. Ex.: é mais provável que as pessoas percebam estímulos relacionados a uma necessidade atual, estímulos cujos desvios sejam maiores em relação a um estímulo normal ou percebam estímulos previstos; distorção seletiva – descreve as tendências das pessoas de mudarem as informações conforme suas intenções pessoais; retenção seletiva – as pessoas esquecem mais do que aprendem. Tentarão reter as informações que reforcem suas atitudes e crenças.

- Aprendizagem: descreve as mudanças no comportamento do indivíduo decorrentes da experiência. Quando as pessoas agem, elas aprendem. A aprendizagem de uma pessoa é produzida através da atuação recíproca de impulsos, estímulos, sugestões, respostas e reforço.

- Crenças e atitudes: a crença é um pensamento descritivo que uma pessoa sustenta sobre algo. Uma atitude descreve uma resistência favorável ou não de uma pessoa em relação às avaliações cognitivas, aos sentimentos emocionais e às tendências de ação em relação a um objeto ou ideia.

O desenvolvimento humano refere-se não apenas ao crescimento orgânico do indivíduo, mas também e principalmente ao mental e ao emocional. Estes, por sua vez, caracterizam-se pelo aparecimento gradativo de estruturas mentais e comportamentos inerentes a eles, em resposta aos estímulos e processos de seleção e filtragem de informações recebidas do ambiente durante toda a vida. Muitos estudos indicam que, quando os compradores estão altamente envolvidos em uma compra e conscientes das diferenças significativas entre os tipos e marcas, ocorrem as seguintes situações de comportamento:

• <u>Comportamento de aquisição com dissonância reduzida</u>: o comprador está altamente envolvido com uma compra, mas percebe pequenas diferenças entre os tipos e marcas oferecidos, bem como as condições para a compra.

• <u>Comportamento de aquisição habitual</u>: muitos produtos são comprados sob condições de baixo envolvimento do consumidor e na ausência de diferenças significativas entre as marcas disponíveis. São as compras caracterizadas como habituais.

• <u>Comportamento de aquisição que busca variedade</u>: algumas condições de compra são caracterizadas pelo baixo envolvimento do consumidor, mas apresentam diferenças significativas nas marcas e nas condições.

• <u>Solução limitada de problemas</u>: soluções mais complexas apresentam-se quando os consumidores se veem entre marcas desconhecidas para uma mesma classe de produtos. Ocorre quando desperta no comprador o estímulo para o aprendizado sobre a nova marca do produto, porque ele é conhecedor da classe do produto mas não está familiarizado com todas as marcas e tipos.

• <u>Solução extensiva de problemas</u>: decisões de compras complexas para produtos de custo elevado e adquiridos com menor frequência, por exemplo, a compra de um novo automóvel ou um novo som estéreo. Nesse processo de compra, as pessoas fazem uso de um elevado aprendizado sobre o produto e as marcas disponíveis e oferecidas no mercado. Nesse caso, os profissionais de marketing deverão se utilizar da boa comunicação para auxiliar no processo de decisão.

1.7 A adoção

O processo de adoção é o processo mental pelo qual passa um indivíduo do estágio de conhecimento de determinada inovação até sua adoção final. Define-se adoção como a decisão de um indivíduo em fazer uso regular do produto ou serviço. Kotler (1999) explica o processo classificando-o em estágios, conforme abaixo:

1) **Conscientização**: o consumidor toma conhecimento da existência de um novo produto, mas não possui informações sobre o mesmo.

2) **Interesse**: o consumidor é estimulado a buscar informações a respeito da inovação.

3) **Avaliação**: o consumidor considera a possibilidade de experimentar a inovação.

4) **Experimentação**: o consumidor experimenta o novo produto em pequena escala, para avaliar melhor seu valor.

5) **Adoção**: o consumidor decide fazer uso pleno e regular da inovação.

A disposição das pessoas em usar novos produtos varia muito. Em cada área de produto, existem os pioneiros de consumo, e os que adotam o produto pouco tempo depois de ser lançado. Outros adotam novos produtos tempo depois de lançados. Isso levou à classificação das pessoas em cinco categorias de adoção. Segundo Kotler (2006) são:

1) **inovadores**: são os primeiros a adotarem a ideia, correspondentes a 2,5% dos consumidores aventureiros e que correm o risco;

2) **adotantes imediatos**: constituem 13,5% dos compradores e adotam guiados pela referência – são líderes de opinião em comunidades que adotam o novo com rapidez e cuidado;

34 Técnicas de Negociação • Zenaro

3) **maioria inicial**: adotam deliberadamente novas ideias antes da grande maioria, porém cuidadosamente, não são líderes e correspondem a 34% dos compradores;

4) **maioria tardia**: é cética, somente adotando algo novo depois que a grande maioria já experimentou. São correspondentes a 34% dos consumidores;

5) **retardatários**: presos à tradição – desconfiam de qualquer mudança e só adotam inovações depois que estas se tornaram tradição.

1.8 Tipos humanos à luz da teoria das inteligências

Todos os negociadores deveriam conhecer perfis humanos a partir das teorias de Howard Gardner, considerado o pai das inteligências. Cada indivíduo possui maior ou menor habilidade em determinada área, por isso se explicam situações de pessoas que são rápidas em raciocínio lógico matemático ou em linguística, muitas vezes nos provocando surpresas. Ofereço uma síntese aos leitores, a fim de que possam desfrutar das ideias de Gardner, assim como das de Daniel Golleman sobre a inteligência emocional, que nada mais é do que a inteligência intrapessoal e interpessoal de Gardner.

A questão da definição ótima de inteligência é central em negociação, assim como em qualquer atividade que envolva o relacionamento humano. Na verdade, é o nível dessa definição que a teoria das inteligências múltiplas apresenta, que serve como insumo para o reconhecimento dos diferentes perfis humanos de negociadores. Numa visão tradicional, a inteligência é definida operacionalmente como a capacidade de responder a itens em testes de inteligência. Entretanto, essa forma de medir ou avaliar já caiu por terra, tendo em vista que não oferece uma proposta aceitável para mensuração de muitas das habilidades, ou seja, os testes são fragmentados, insuficientes. A inferência, a partir dos resultados de testes, de alguma capacidade subjacente é apoiada por técnicas estatísticas que comparam respostas de sujeitos em diferentes idades, e que tradicionalmente havia sido aceita ao longo de décadas.

A aparente correlação desses resultados de testes através das idades e através de diferentes testes corrobora a noção de que a faculdade geral da inteligência não muda muito com a idade ou com treinamento ou experiência. Ela é um atributo ou faculdade inata do indivíduo.

A teoria das inteligências múltiplas, por outro lado, pluraliza o conceito tradicional. Uma inteligência implica na capacidade de resolver problemas ou elaborar produtos que são importantes num determinado ambiente ou comunidade cultural. A capacidade de resolver problemas permite à pessoa abordar uma situação em que um objetivo deve ser atingido e localizar a rota adequada para esse objetivo. A criação de um produto cultural é crucial nessa função, na medida em que captura e transmite o conhecimento ou expressa as opiniões ou os sentimentos da pessoa. Os problemas a serem resolvidos variam desde teorias científicas até composições musicais para campanhas políticas de sucesso.

A teoria das Inteligências Múltiplas (IM) é elaborada à luz das origens biológicas de cada capacidade de resolver problemas. Somente são tratadas aquelas capacidades que são universais na espécie humana. Mesmo assim, a tendência biológica a participar numa determinada forma de solução de problemas também deve ser vinculada ao estímulo cultural nesse domínio. Por exemplo, a linguagem, uma capacidade universal, pode manifestar-se particularmente como escrita em uma cultura, como oratória em outra e como a linguagem secreta dos anagramas numa terceira.

Dado o desejo de selecionar inteligências que tenham raízes na biologia e que sejam valorizadas em um ou mais ambientes culturais, como podemos realmente identificar uma "inteligência"?

Ao apresentarem uma lista, os estudiosos procuram evidências de várias fontes diferentes: o conhecimento a respeito do desenvolvimento normal e do desenvolvimento em indivíduos talentosos; as informações sobre o colapso das capacidades cognitivas nas condições de dano cerebral; os estudos sobre populações excepcionais, incluindo prodígios, idiotas sábios e crianças autistas; os dados sobre a evolução da cognição ao longo do milênio; as considerações culturais cruzadas sobre a cognição; os estudos psicométricos, incluindo exames de correlações entre testes; e os estudos de treinamento psicológico, particularmente as medidas de transferência e generalização das tarefas. Somente as inteligências que satisfaçam todos ou a maioria dos critérios foram selecionadas como inteligências genuínas.

Uma discussão mais completa de cada um desses critérios para uma "inteligência" e das sete inteligências que foram propostas até o momento é encontrada em *Estruturas da mente*, do autor Howard Gardner (1994). Esse livro também considera como uma teoria tradicional sobre o assunto poderia ser refutada e a compara a outras teorias da inteligência.

O autor comenta que, além de satisfazer aos critérios acima mencionados, cada inteligência deve ter uma operação nuclear ou um conjunto de operações identificáveis. Como um sistema computacional com base neural, cada inteligência é ativada ou "desencadeada" por certos tipos de informação interna ou externamente apresentados. Por exemplo, um dos núcleos da inteligência musical é a sensibilidade para determinar relações, ao passo que um dos núcleos da inteligência linguística é a sensibilidade aos aspectos fonológicos.

Uma inteligência também deve ser capaz de ser codificada num sistema de símbolos – um sistema de significados culturalmente criado, que captura e transmite formas importantes de informação. A linguagem, a pintura e a matemática são apenas três sistemas de símbolos quase universais, necessários à sobrevivência e à produtividade humanas. O relacionamento de uma inteligência candidata com um sistema simbólico humano não é nenhum acidente.

De fato, a existência de uma capacidade nuclear computacional antecipa a existência de um sistema simbólico que utiliza aquela capacidade. Embora seja possível que uma inteligência prossiga sem um sistema simbólico concomitante, uma característica primária da inteligência humana provavelmente seja a sua gravitação rumo a essa incorporação.

1.8.1 As sete inteligências de acordo com Gardner (1994)

Tendo esboçado as características e critérios de uma inteligência, o autor apresenta uma breve consideração de cada uma das sete inteligências. Na verdade, exceto em indivíduos anormais, as inteligências sempre funcionam combinadas e qualquer papel adulto sofisticado envolverá uma fusão de várias delas.

a) **Inteligência musical**

Quando estava com três anos de idade, Yehudi Menuhin foi introduzido por seus pais, clandestinamente, na Orquestra de São Francisco. O som do violino de Louis Persinger fascinou tanto a criança que ela insistiu em ganhar um violino em seu aniversário e em ter Persinger como seu professor. Conseguiu ambos. Quando estava com dez anos de idade, Menuhin era um músico internacional (KENDALL, 1977).

A inteligência musical do violinista Yehudi Menuhin manifestou-se mesmo antes de ele ter tocado um violino ou recebido qualquer treinamento musical. Sua poderosa reação àquele som particular e seu rápido progresso no instrumento sugerem que ele estava biologicamente preparado, de alguma maneira, para esse empreendimento. Dessa forma, a evidência das crianças prodígios apoia nossa afirmação de que existe um vínculo biológico a uma determinada inteligência. Outras populações especiais, como a das crianças autistas que conseguem tocar maravilhosamente um instrumento musical mas não conseguem falar, enfatizam a independência da inteligência musical.

Uma breve consideração dessa evidência sugere que a capacidade musical é aprovada em outros testes para uma inteligência. Por exemplo, certas partes do cérebro desempenham papéis importantes na percepção e produção da música. Essas áreas estão caracteristicamente localizadas no hemisfério direito, embora a capacidade musical não esteja claramente "localizada" em uma área tão específica como a linguagem.

Aparentemente, a música desempenhou um importante papel unificador nas sociedades (paleolíticas) da Idade da Pedra. O canto dos pássaros proporciona um vínculo com outras espécies. Evidências de várias culturas apoiam a noção de que a música é uma faculdade universal. Os estudos sobre o desenvolvimento dos bebês sugere que existe uma capacidade computacional "pura" no início da infância. Finalmente, a notação musical oferece um sistema simbólico acessível e lúcido, mundialmente conhecido.

Em resumo, as evidências que apoiam a interpretação da capacidade musical como uma "inteligência" chegam de várias fontes. Mesmo que a capacidade musical não seja tipicamente considerada uma capacidade intelectual, como a matemática, ela se qualifica a partir de nossos critérios. Por definição, ela merece ser considerada; e, tendo em vista os dados, sua inclusão é empiricamente justificada.

b) Inteligência corporal-sinestésica

Babe Ruth, aos 15 anos de idade, jogava beisebol na terceira base. Durante um jogo, o lançador de seu time estava se saindo muito mal, e Babe criticou-o em voz alta lá na terceira base. Brother Matias, o treinador, gritou: "Ruth, se você sabe tanto a respeito disso, VOCÊ lança!" Babe ficou surpreso e embaraçado, porque nunca lançara, mas Brother Matias insistiu. Ruth disse, mais tarde, que no exato momento em que subiu no montículo do lançador, SOUBE que seria um arremessador, e que era "natural" para ele bater os outros. Na verdade, ele tornou-se um grande arremessador, importante na liga esportiva (e, é claro, obteve um *status* legendário como batedor).

Como Menuhin, Babe Ruth foi uma criança prodígio que reconheceu seu "instrumento" imediatamente, em seu primeiro contato com ele. Esse reconhecimento ocorreu antes de um treinamento formal.

Gardner afirma que o controle do movimento corporal está, evidentemente, localizado no córtex motor, com cada hemisfério dominante ou controlador dos movimentos corporais no lado contralateral. Nos destros, a dominância desse movimento normalmente é encontrada no hemisfério esquerdo. A capacidade de realizar movimentos quando dirigidos para fazê-los pode estar prejudicada mesmo nos indivíduos que podem realizar os mesmos movimentos reflexivamente ou numa base involuntária. A existência de apraxia específica constitui uma linha de evidência de inteligência corporal-sinestésica.

A consideração do conhecimento corporal-sinestésico como "solucionador de problemas" talvez seja menos intuitiva. Certamente, executar uma sequência mímica ou bater numa bola de tênis não é resolver uma equação matemática. E, no entanto, a capacidade de usar o próprio corpo para expressar uma emoção (como na dança), jogar um jogo (como num esporte) ou criar um novo produto (como no planejamento de uma invenção) é uma evidência dos aspectos cognitivos do uso do corpo.

Em um jogo de tênis, no momento em que a bola deixa a raquete do sacador, o cérebro calcula aproximadamente onde ela cairá e onde a raquete irá interceptá-la. Esse cálculo inclui a velocidade inicial da bola, combinada com um *input* para a progressiva redução da velocidade e o efeito do vento depois da batida na bola. Simultaneamente, são dadas ordens musculares: não apenas uma vez, mas constantemente, com informações refinadas e atualizadas. Os músculos precisam cooperar. Ocorre um movimento dos pés, a raquete é recuada e sua superfície mantida num ângulo constante. O contato é feito num momento exato, que depende de ter sido dada uma ordem para bater na linha ou na quadra cruzada, uma ordem que só é dada depois de uma análise extremamente rápida do movimento e equilíbrio do oponente. Sei disso porque jogo tênis há anos.

c) Inteligência lógico-matemática

Dois fatos essenciais da inteligência lógico-matemática: em primeiro lugar, no indivíduo talentoso, o processo de resolução do problema geralmente é surpreendentemente rápido – o cientista bem-sucedido lida com muitas variáveis ao mesmo tempo e cria numerosas hipóteses que são avaliadas e depois, por sua vez, aceitas ou rejeitadas; em segundo lugar, a natureza não verbal da inteligência, ou seja, solução de um problema, pode ser construída antes de ser articulada e escrita ou verbalizada. De fato, o processo de solução pode ser totalmente invisível, inclusive para aquele que resolve o problema.

Juntamente com a associada capacidade da linguagem, o raciocínio lógico-matemático proporciona a principal base para os testes de QI. Essa forma de inteligência foi imensamente investigada pelos psicólogos tradicionais, e é o arquétipo da "inteligência pura" ou da faculdade de resolver problemas que encurta significativamente o caminho entre os domínios. Talvez seja ironia, então, que o mecanismo concreto através do qual a pessoa chega a uma solução para um problema lógico-matemático ainda não esteja adequadamente compreendido.

Essa inteligência também é apoiada por vários estudos empíricos. Certas áreas do cérebro são mais importantes do que outras no cálculo matemático. Há idiotas sábios que realizam grandes façanhas de cálculo, mesmo que continuem sendo tragicamente deficientes na maioria das outras áreas. As crianças prodígios na matemática existem em grande número.

d) Inteligência linguística

Assim como acontece com a inteligência lógica, chamar a capacidade linguística de "inteligência" é consistente com a psicologia tradicional. A inteligência linguística também foi aprovada em testes empíricos. Por exemplo, uma área específica do cérebro, chamada "centro de Broca", é responsável pela produção de sentenças gramaticais. Uma pessoa com dano nessa área pode compreender palavras e frases muito bem, mas tem dificuldade em juntar palavras em algo além de frases mais simples. Ao mesmo tempo, outros processos de pensamento podem estar completamente inalterados.

A habilidade da linguagem é universal, e seu desenvolvimento nas crianças é surpreendentemente constante em todas as culturas. Mesmo nas populações surdas, em que uma linguagem manual de sinais não é explicitamente ensinada, as crianças frequentemente "inventam" sua própria linguagem manual e a utilizam secretamente. Dessa forma, nós vemos como uma inteligência pode operar independentemente de uma modalidade específica de *input* ou de um canal de *output*.

e) **Inteligência espacial**

Gardner explica que a navegação nas ilhas Caroline é realizada sem instrumentos. A posição das estrelas, os padrões do tempo (condições atmosféricas) e a cor da água são os únicos marcos sinalizadores. Cada viagem está dividida em uma série de segmentos, e o navegador aprende a posição das estrelas dentro de cada um desses segmentos. Durante a viagem, o navegador precisa imaginar mentalmente uma ilha de referência quando passa embaixo de determinada estrela, e a partir disso ele computa o número total de segmentos, a proporção de viagem que ainda resta e quaisquer correções no curso que sejam necessárias. O navegador não vê as ilhas enquanto navega; em vez disso, ele mapeia sua localização em sua "imagem" mental da jornada.

A solução de problemas espaciais é necessária e extremamente útil. Outros tipos de solução de problemas espaciais são convocados quando visualizamos um objeto de um ângulo diferente. As artes visuais também utilizam essa inteligência no uso do espaço.

Muitos estudos mostram as evidências de pesquisas do cérebro humano. Assim como o hemisfério esquerdo, durante o curso da evolução, foi escolhido como o local do processamento linguístico nas pessoas destras, o hemisfério direito é comprovadamente o local mais crucial do processamento espacial. Um dano nas regiões posteriores direitas provoca prejuízo na capacidade de encontrar o próprio caminho em torno de um lugar, de reconhecer rostos ou cenas ou de observar detalhes pequenos.

Os pacientes com danos específicos nas regiões do hemisfério direito tentarão compensar suas falhas espaciais com estratégias linguísticas. Eles tentarão raciocinar em voz alta, pôr em dúvida a tarefa ou inclusive inventar respostas.

As populações cegas ilustram a distinção entre a inteligência espacial e a percepção visual. Uma pessoa cega pode reconhecer formas através de um método indireto: passar a mão ao longo do objeto traduz a duração do movimento, que por sua vez é traduzida no formato do objeto. Para a pessoa cega, o sistema perceptivo da modalidade tátil equivale à modalidade visual na pessoa que enxerga. Os especialistas afirmam que a analogia entre o raciocínio espacial do cego e o raciocínio linguístico do surdo é notável.

f) Inteligência interpessoal

A inteligência interpessoal está baseada numa capacidade nuclear de perceber distinções entre os outros, em especial, contrastes em seus estados de ânimo, temperamento, suas motivações e intenções. Em formas mais avançadas, essa inteligência permite que uma pessoa experimente, perceba as intenções e desejos de outras pessoas, mesmo que elas os escondam. Essa capacidade aparece numa forma altamente sofisticada em líderes religiosos ou políticos, professores, terapeutas e pais.

Todos os indícios na pesquisa do cérebro sugerem que os lobos frontais desempenham um papel importante no conhecimento interpessoal. Um dano nessa área pode provocar profundas mudanças de personalidade, ao mesmo tempo em que não altera outras formas de resolução de problemas – a pessoa geralmente "não é a mesma" depois de um dano desses.

A doença de Alzheimer, uma forma de demência pré-senil, parece atacar as zonas cerebrais posteriores com uma ferocidade especial, deixando as computações espaciais, lógicas e linguísticas severamente prejudicadas. No entanto, os pacientes com Alzheimer frequentemente continuam com uma aparência bem-cuidada, socialmente adequados e se desculpam constantemente por seus erros. Em contraste, a doença de Pick, outra variedade de demência pré-senil com orientação mais frontal, provoca uma rápida perda das boas maneiras sociais.

A evidência biológica da inteligência interpessoal inclui dois fatores adicionais, geralmente citados como exclusivos dos seres humanos. Um dos fatores é a prolongada infância dos primatas, incluindo o estreito apego à mãe. Nos casos em que a mãe é afastada no desenvolvimento inicial, o desenvolvimento interpessoal normal fica seriamente prejudicado.

O segundo fator é a relativa importância da interação social para os seres humanos. As habilidades tais como caçar, perseguir e matar, nas sociedades pré-históricas, exigiam a participação e cooperação de grande número de pessoas. As necessidades de coesão, liderança, organização e solidariedade no grupo decorrem naturalmente disso.

g) Inteligência intrapessoal

Num ensaio intitulado "A sketch of the past", escrito quase como um diário, Virginia Woolf discute o "algodão da existência" – os vários eventos mundanos da vida. Ela compara esse "algodão" com três lembranças específicas e pungentes de sua infância: uma briga com seu irmão, ver determinada flor num jardim e ficar sabendo do suicídio de um antigo visitante:

> "O sentimento de horror (ao ficar sabendo do suicídio) deixou-me impotente. Mas no caso da flor eu descobri uma razão, e, assim, fui capaz de lidar com a sensação. Não fiquei impotente. Embora eu ainda te-

nha a peculiaridade de receber esses choques súbitos, eles agora são sempre bem-vindos; depois da surpresa inicial, eu sempre sinto, imediatamente, que eles são particularmente valiosos. E então, eu sigo em frente, supondo que a capacidade de receber choques é o que me torna uma escritora. Eu arrisco a explicação de que um choque, em meu caso, é imediatamente seguido pelo desejo de explicá-lo. Eu sinto que recebi um golpe, mas ele não é, como imaginava quando criança, simplesmente um golpe de um inimigo escondido por trás do algodão da vida cotidiana. Ele é, ou se tornará, um revelação de algum tipo, é o sinal de alguma coisa real por trás das aparências, e eu torno real colocando-o em palavras" (WOOLF apud GARDNER, 1994, p. 39).

Esta citação ilustra vividamente a inteligência intrapessoal – o conhecimento dos aspectos internos de uma pessoa: o acesso ao sentimento da própria vida, à gama das próprias emoções, à capacidade de discriminar essas emoções e eventualmente rotulá-las e utilizá-las como uma maneira de entender e orientar o próprio comportamento.

A pessoa com boa inteligência intrapessoal possui um modelo viável de si mesma. Uma vez que essa inteligência é a mais privada, ela requer a evidência a partir da linguagem, da música ou de alguma outra forma mais expressiva de inteligência para que o observador a perceba funcionando.

Observam-se os critérios conhecidos funcionarem na inteligência intrapessoal. Assim como na inteligência interpessoal, os lobos frontais desempenham papel central na mudança de personalidade. Um dano na área inferior dos lobos frontais provavelmente produzirá irritabilidade ou euforia, ao passo que um dano nas regiões mais altas provavelmente produzirá indiferença, e as outras funções cognitivas geralmente continuam preservadas.

Em contraste, entre os afásicos que se recuperaram o suficiente para descrever suas experiências, encontra-se um testemunho consistente: embora possa ter havido diminuição da atenção geral e uma considerável depressão em virtude da condição, o indivíduo de maneira nenhuma se sente uma pessoa diferente.

Gardner (1998) explica que a criança autista é um exemplo prototípico de indivíduo com a inteligência intrapessoal prejudicada; na verdade, essas crianças talvez nunca tenham sido capazes de se referirem a si mesmas. Ao mesmo tempo, elas frequentemente apresentam notáveis capacidades nos domínios musical, computacional, espacial ou mecânico.

As evidências evolutivas da faculdade intrapessoal são mais difíceis de encontrar, mas poderíamos especular que a capacidade de transcender a satisfação dos impulsos instintivos é relevante. Ela se torna cada vez mais importante numa espécie que não esteja permanentemente envolvida na luta pela sobrevivência.

Em resumo, tanto a faculdade interpessoal quanto a intrapessoal são aprovadas nos testes de inteligência. Ambas apresentam tentativas de resolver problemas significativos para o indivíduo e a espécie. A inteligência interpessoal nos permite compreender os outros e trabalhar com eles; a inteligência intrapessoal nos permite compreender a nós mesmos e trabalhar conosco. No senso de EU do indivíduo, encontramos uma fusão de competências inter e intrapessoais.

1.8.2 *Áreas de capacidade, segundo Gardner (1998)*

NÚMEROS: conceitos de números, habilidade de contar, capacidade de seguir regras, uso de estratégias, de cálculos mentais e organizar informações numéricas para uma ou mais variáveis.

CIÊNCIA: habilidades motoras finas, observacionais, capacidade de resolver problemas, organizar informações, criar hipóteses baseadas em observações, realizar experimentos simples, apreciações e entendimentos sobre os fenômenos naturais.

MÚSICA: tom e ritmo exatos ao cantar, lembrar as prioridades de uma canção, reconhecer um erro em uma canção.

LINGUAGEM: mede o alcance das habilidades de linguagem, incluindo a complexidade dos vocabulários e da estrutura de frases e capacidades de relatar (eventos, fatos etc.) com exatidão, nível de detalhes, estrutura de frases e vocabulário.

ARTES VISUAIS: uso de linhas e formas, cor, espaço, detalhes, representação e planejamento.

MOVIMENTO: dança e movimento criativo: sensibilidade ao ritmo, expressividade, controle corporal, criação de ideias de movimento; e habilidades esportivas: coordenação, equilíbrio e força.

SOCIAL: diferentes padrões de comportamento revelam papéis sociais distintos, tais como de facilitador e líder.

1.9 Inteligência emocional

Há uma sinergia entre as capacidades de inteligência emocional e de inteligência cognitiva. Os que têm desempenho destacado possuem ambas. Quanto mais complexo o trabalho, mais importa a inteligência emocional, até porque a deficiência nesse tipo de capacidade pode prejudicar a utilização de qualquer conhecimento especializado ou intelecto que uma pessoa possa ter. Tome-se, por exemplo, um executivo que acabasse de ser contratado para dirigir uma empresa milionária pertencente a determinada família. De fato, ele seria o primeiro presidente de fora da família.

Goleman (1995) explica que certo pesquisador, usando um método de entrevista destinado a avaliar a capacidade do executivo para lidar com complexidade cognitiva, estabeleceu que sua capacidade foi mais alta: uma pessoa inteligente o bastante, teoricamente, para ser o diretor executivo de uma firma global ou dirigente de um país. Entretanto, durante essa entrevista, a conversa voltou-se para a razão pela qual tivera de largar seu emprego anterior. Havia sido despedido porque deixara de confrontar-se com seus subordinados e de responsabilizá-los pelo fraco desempenho deles.

O autor escreve que o pesquisador lhe disse que aquilo ainda representava para ele um estopim emocional. Ficou com o rosto vermelho e congestionado, começou a agitar as mãos, estava visivelmente perturbado. Soube depois que seu novo chefe, o dono da companhia, nessa mesma manhã, o havia criticado pela mesma razão. E não parou de falar sobre como era difícil para ele chamar a atenção de empregados com baixo desempenho, principalmente quando estavam há muito tempo na companhia. Além disso, o pesquisador assinalou que "em meio a essa perturbação toda, sua capacidade de lidar com complexidade cognitiva e de raciocinar despencou".

Goleman (1999) explica em resumo que as emoções descontroladas podem fazer pessoas inteligentes parecerem hipócritas. As aptidões necessárias para se ter êxito começam com a força intelectual, mas as pessoas também precisam de competência emocional para concretizar todo o potencial de seu talento. A razão pela qual não obtemos a utilização do pleno potencial das pessoas é a incompetência emocional. Vamos analisar cada um dos aspectos levantados pelo autor, a seguir.

1.9.1 Competência emocional

Competência emocional é uma capacidade adquirida, baseada na inteligência emocional, que resulta em desempenho destacado no trabalho. Tome-se a vivacidade demonstrada pela comissária de bordo. Ela foi estupenda em exercer influência, que é um tipo importante de competência emocional: fazer com que outras pessoas reajam da forma desejada. No centro dessa competência, encontram-se duas aptidões: a empatia, que envolve ler os pensamentos de outros, e habilidades sociais, que permitem lidar bem com esses sentimentos.

Nossa inteligência emocional determina nosso potencial para aprender as habilidades práticas que estão baseadas em cinco elementos: autopercepção, motivação, autorregulação, empatia e aptidão natural para os relacionamentos. Nossa competência emocional mostra o quanto desse potencial é aplicado para capacidade no trabalho. Por exemplo, ser bom no serviço aos clientes é uma competência emocional baseada na empatia. Analogamente, ser merecedor de confiança é uma competência baseada na autorregulação, ou em lidar bem com os impulsos e emoções. Tanto o serviço aos clientes como merecer confiança são competências que fazem com que as pessoas se destaquem no seu trabalho.

Apenas possuir alto grau de inteligência emocional não assegura que uma pessoa terá adquirido as competências emocionais que têm importância para o trabalho. Isso significa simplesmente que possui excelente potencial para adquiri-las. Uma pessoa pode, por exemplo, ter alto grau de empatia e, no entanto, não ter aprendido as habilidades baseadas na empatia que se traduzem num ótimo serviço aos clientes, num trabalho de técnico esportivo ou de orientador de primeira linha ou na capacidade de formar uma equipe de trabalho com pessoas muito diferentes. O paralelo em música seria alguém com, digamos, um registro de voz perfeito, que também tivesse tido lições de canto e assim se tornasse um magnífico tenor de ópera. Sem as lições, a despeito do potencial, não haveria carreira na ópera, seria como um Pavarotti que nunca tivesse tido a oportunidade de desabrochar.

As competências emocionais se congregam em grupos, cada um baseado numa capacidade implícita de inteligência emocional. As capacidades implícitas de inteligência emocional são vitais para que as pessoas adquiram com êxito as competências necessárias para terem sucesso no trabalho. Se, por exemplo, forem deficientes em aptidões sociais, serão ineptas para persuadir ou inspirar outras pessoas, para liderar equipes ou para catalisar mudanças. Se tiverem pouca autopercepção, não se darão conta de suas próprias deficiências e carecerão de autoconfiança que advém da certeza de suas próprias forças.

Goleman (1999) explica a existência de cinco dimensões da inteligência emocional e uma série de competências emocionais. Nenhum de nós é perfeito. Inevitavelmente, temos um perfil composto de pontos fortes e também de limitações. Entretanto, para um desempenho destacado precisamos apenas ter pontos fortes num determinado número dessas competências – normalmente, pelo menos em cerca de seis delas – e que esses pontos fortes estejam distribuídos pelas cinco áreas da inteligência emocional. Em outras palavras, há muitos caminhos para a excelência. Essas capacidades de inteligência emocional são:

1. *Independência*: cada um dá uma contribuição única para o desempenho do trabalho.

2. *Interdependência*: cada um se apoia, até certo ponto, em alguns dos demais, com muitas interações fortes.

3. *Hierarquização*: as capacidades de inteligência emocional se constroem baseadas umas nas outras. Por exemplo, a autopercepção é crucial para a autorregulação e a empatia; a autorregulação e a autopercepção contribuem para a motivação; todas as quatro atuam nas aptidões sociais.

4. *Requisito necessário, mas não suficiente*: possuir capacidade implícita de inteligência emocional não assegura que as pessoas desenvolvam ou exibam as competências associadas a ela, tais como colaboração ou liderança. Fatores como o ambiente de uma organização ou interesse de uma pessoa por seu trabalho também determinarão se a competência se manifesta por si mesma.

5. *Genéricas:* a lista geral é, até certo ponto, aplicável a todos os tipos de trabalho. Entretanto, diferentes trabalhos apresentam diferentes exigências de competência.

1.9.2 A moldura da competência emocional (Goleman, 1995)

1. Autopercepção

Conhecer os próprios estados interiores, preferências, recursos e intuições.

- **Percepção emocional**: reconhecer as próprias emoções.
- **Autoavaliação precisa**: conhecer os próprios pontos fortes e limitações.
- **Autoconfiança**: certeza do próprio valor e capacidade.

2. Autorregulação

Lidar com os próprios estados interiores, impulsos e recursos através de:

- **Autocontrole**: lidar com emoções perturbadoras e impulsos.
- **Merecer confiança**: manter padrões de honestidade e integridade.
- **Ser consciencioso**: assumir a responsabilidade pelo desempenho pessoal.
- **Adaptabilidade**: flexibilidade para lidar com as mudanças.
- **Inovação**: sentir-se à vontade e aberto diante de novas ideias, enfoques e novas informações.

3. Motivação

Tendências emocionais que guiam ou facilitam o alcance de metas:

- **Vontade de realização**: esforçar-se para melhorar ou satisfazer um padrão de excelência.

- **Dedicação:** alinhar-se com as metas do grupo ou organização.
- **Iniciativa:** estar pronto para agir diante das oportunidades.
- **Otimismo:** persistência na perseguição das metas a despeito de obstáculos e reveses.

4. Competência social

Essa competência determina como lidamos com relacionamentos, como lidamos com os que nos cercam, sendo necessário:

- desejo de se relacionar;
- atitude para reconhecer diferenças e conviver de forma produtiva.

5. Empatia

Percepção dos sentimentos, necessidades e preocupações dos demais:

- **Compreender os outros:** pressentir os sentimentos e perspectivas dos outros e assumir um interesse ativo por suas preocupações.
- **Orientação para o serviço:** antever, reconhecer e satisfazer as necessidades dos clientes.
- **Desenvolver os outros:** pressentir as necessidades de desenvolvimento dos outros e melhorar sua habilitação.
- **Aprender com a diversidade:** cultivar oportunidades através de diferentes tipos de pessoas.
- **Percepção política:** ler as correntes emocionais e os relacionamentos de poder de um grupo.

6. Aptidões sociais

Aptidões naturais para induzir nos outros as respostas desejáveis:

- **Influência:** implementar táticas eficazes de persuasão.
- **Comunicação:** emitir mensagens claras e convincentes.
- **Liderança:** inspirar e guiar grupos e pessoas.
- **Catalisador de mudanças:** iniciar ou administrar as mudanças.
- **Gerenciamento de conflitos:** negociar e solucionar desacordos.
- **Formação e cooperação:** trabalhar com outros, rumo a metas compartilhadas.
- **Capacidade de equipe:** criar uma sinergia de grupo, buscando atingir metas coletivas.

1.9.3 Competências emocionais segundo Goleman (1999)

O autor pontua as seguintes competências:

Percepção emocional

Reconhecer as próprias emoções e seus efeitos.

As pessoas com essa competência:

- sabem que emoções estão sentindo e por quê;
- dão-se conta dos elos entre seus sentimentos e o que pensam, fazem e dizem;
- reconhecem como seus sentimentos afetam seu desempenho;
- possuem uma percepção orientadora de seus valores e objetivos.

Autoavaliação precisa

Conhecer os próprios recursos, capacidades e limitações interiores.

As pessoas com essa competência:

- são conscientes de seus pontos fortes e deficiências;

- são capazes de reflexão, aprendendo com sua experiência;

- mostram-se abertas a comentários francos, novas perspectivas, aprendizado constante e autodesenvolvimento;

- são capazes de mostrar senso de humor e de ter uma visão crítica sobre si mesmas.

Autoconfiança

Um forte senso do próprio valor e da própria capacidade.

As pessoas com essa competência:

- apresentam-se de maneira segura; têm presença;

- são capazes de expressar opiniões impopulares e de se expor por algo que seja certo;

- são decididas, capazes de tomar decisões sensatas a despeito de incertezas e pressões.

Autocontrole

Manter sob controle as emoções e os impulsos perturbadores.

As pessoas com essa competência:

- gerenciam bem seus sentimentos impulsivos e emoções aflitivas;

- mantêm-se compostas, positivas e impassíveis, mesmo em momentos difíceis;

- pensam com clareza e se mantêm concentradas sob pressão.

Confiabilidade

Demonstrar integridade e ser responsável na própria conduta.

As pessoas com essa competência:

- agem de forma ética e acima de qualquer restrição;
- angariam confiança através de sua confiabilidade e autenticidade;
- admitem seus próprios erros e criticam atos antiéticos dos outros;
- assumem posições firmes e coerentes, mesmo que não sejam do agrado geral;
- mantêm seus compromissos e cumprem sua promessas;
- responsabilizam-se por atingir seus objetivos;
- são organizadas e cuidadosas com seu trabalho.

Inovação e adaptabilidade

Ser aberto a novas ideias e procedimentos e ser flexível na resposta às mudanças.

As pessoas com essa competência:

- buscam novas ideias em fontes variadas;
- examinam soluções originais para os problemas;
- geram novas ideias;
- adotam, na sua forma de pensar, novas perspectivas e assumem novos riscos;
- lidam de modo hábil com múltiplas demandas, prioridades que mudam e transformações rápidas;
- adaptam suas respostas e táticas para corresponderem a circunstâncias dinâmicas;
- são flexíveis na maneira como encaram os acontecimentos.

Realização

O decidido intuito de melhorar ou atingir um padrão de excelência.

As pessoas com essa competência:

* são orientadas para resultados, com forte empenho em atingir objetivos e padrões;

* estabelecem metas desafiadoras e assumem riscos calculados;

* perseguem informações visando reduzir a incerteza e encontrar meios de fazer melhor as coisas;

* aprendem a melhorar seu desempenho.

Engajamento

Alinhando-se com as metas de um grupo ou organização.

As pessoas com essa competência:

* estão prontas a fazer sacrifícios para atingir a meta maior da organização;

* veem propósitos na missão mais ampla;

* utilizam os valores essenciais do grupo ao tomar decisões e esclarecer opções;

* buscam ativamente oportunidades para cumprir a missão do grupo.

Iniciativa e otimismo

Demonstrar persistência e proatividade.

As pessoas com essa competência:

* estão prontas para agarrar as oportunidades;

* perseguem metas além do que é exigido ou esperado delas;

56 Técnicas de Negociação • Zenaro

- passam por cima da burocracia e forçam as regras quando necessário para que o trabalho seja feito;

- mobilizam outras pessoas por meio de esforços empreendedores e inusitados;

- persistem na busca das metas a despeito de obstáculos e reveses;

- atuam a partir da esperança do êxito e não do modelo do fracasso;

- encaram reveses como devidos a circunstâncias contornáveis e não como uma deficiência pessoal.

Compreender outras pessoas

Perceber os sentimentos e as perspectivas de outras pessoas e ter interesse ativo por suas preocupações.

As pessoas com essa competência:

- são atentas às dicas emocionais e escutam os outros com atenção;

- mostram sensibilidade e compreendem as perspectivas de outras pessoas;

- prestam ajuda, com base na compreensão das necessidades e sentimentos das outras pessoas.

Desenvolvimento de outras pessoas

Perceber as necessidades de desenvolvimento de outras pessoas e ampliar suas capacidades.

As pessoas com essa competência:

- reconhecem e premiam os pontos fortes, as realizações e o desenvolvimento das pessoas;

- fazem comentários úteis e identificam as necessidades de desenvolvimento das pessoas;

- monitoram, dão orientação oportuna e oferecem tarefas que desafiam e estimulam as aptidões das pessoas.

Orientação para o atendimento

Prever, identificar e satisfazer as necessidades dos clientes.

As pessoas com essa competência:

- compreendem as necessidades dos clientes e as combinam com serviços ou produtos;

- buscam maneiras de aumentar a satisfação e a lealdade dos clientes;

- têm prazer em oferecer a assistência adequada;

- captam a perspectiva do cliente, atuando como assessores de confiança.

Diversidade

Cultivar oportunidades através de pessoas com características diversas.

As pessoas com essa competência:

- respeitam as pessoas de origens diferentes e convivem bem com elas;

- compreendem visões diversas do mundo e têm sensibilidade para com as diferenças entre grupos;

- veem a diversidade como oportunidade, criando um ambiente em que as pessoas possam se expandir;

- contestam os preconceitos e a intolerância.

Percepção política

Ler as correntes políticas e sociais vigentes.

As pessoas com essa competência:

- interpretam com exatidão os relacionamentos-chave de poder;

- detectam redes sociais cruciais;

- entendem as forças que moldam as opiniões e ações de clientes, fregueses ou concorrentes;

- leem com exatidão as realidades dentro e fora da organização.

Influência

Utilizar instrumentos eficazes de persuasão.

As pessoas com essa competência:

- são peritas em persuasão;

- fazem a sintonia fina das apresentações a fim de atrair quem as ouve;

- usam estratégias complexas, como a influência indireta, para obter consenso e apoio;

- orquestram eventos espetaculares a fim de marcar um ponto de vista.

Comunicação

Ouvir abertamente e enviar mensagens convincentes.

As pessoas com essa competência:

- fazem bem o toma lá dá cá, captando as dicas emocionais para adequarem suas mensagens;

- lidam de forma direta com as questões difíceis;

Conceitos, Competências e Estudos do Comportamento **59**

- ouvem bem, buscando compreensão mútua, e se dispõem plenamente a compartilhar informações;

- incentivam a comunicação desimpedida e se mantêm receptivas tanto às boas quanto às más notícias.

<u>Gerenciamento de conflitos</u>

Negociar e solucionar discordâncias.

As pessoas com essa competência:

- lidam com tato de diplomacia com pessoas difíceis e situações tensas;

- identificam conflitos em potencial, trazem à tona os desacordos e ajudam a desativar situações de conflito;

- incentivam o debate e a discussão aberta;

- orquestram soluções em que todos saem ganhando.

<u>Liderança</u>

Inspirar e guiar indivíduos ou grupos.

As pessoas com essa competência:

- articulam e despertam o entusiasmo por uma visão ou missão compartilhada;

- adiantam-se para liderar quando necessário, independentemente de sua posição;

- guiam o desempenho de outras pessoas, mantendo-as responsáveis pelo que fazem;

- lideram dando exemplo.

Catalisador de mudanças

Iniciar ou gerenciar mudanças.

As pessoas com essa competência:

- reconhecem a necessidade de mudanças;
- superam as barreiras que as atravancam;
- contestam o *status quo*;
- assumem a necessidade de mudanças;
- defendem as mudanças e recrutam outras pessoas para levá-las a cabo;
- modelam as mudanças que se esperam de outras pessoas.

Estabelecimento de vínculos

Cuidar de relacionamentos.

As pessoas com essa competência:

- cultivam e mantêm extensas redes informais;
- buscam relacionamentos que sejam mutuamente benéficos;
- criam *rapport* e mantêm-se em contato com outras pessoas;
- estabelecem e mantêm amizades pessoais entre seus parceiros de trabalho.

Colaboração e cooperação

Trabalhar com outras pessoas buscando atingir metas comuns.

As pessoas com essa competência:

- mantêm o equilíbrio entre a concentração nas tarefas e o cuidado com os relacionamentos;
- colaboram entre si, trocando planos, informações e recursos;

- promovem um clima amistoso e de cooperação;
- identificam e alimentam oportunidades de colaboração.

Capacidade de equipe

Criar sinergia ao trabalhar na direção de metas coletivas.
As pessoas com essa competência:

- modelam qualidades de equipe como respeito, boa vontade em ajudar e cooperação;
- congregam todos os membros numa participação ativa e entusiástica;
- formam a identidade da equipe, espírito de corpo e engajamento;
- protegem o grupo e sua reputação; compartilham os critérios do sucesso.

Concluindo este capítulo, espero ter esclarecido de forma sintética as muitas questões sobre características humanas que traduzem tipos humanos, por conseguinte. Alguém que domine as técnicas de neurolinguística, aliadas com a experiência em reconhecer tipos humanos, habilidades expressas no momento em que se depara com tais pessoas (com tais sinais), por certo, será muito mais bem-sucedido nos negócios do que quem desconhece isso tudo.

Não pretendi esgotar o tema, longe disto, seria muita pretensão de minha parte. Desejo a todos que pratiquem, desenvolvam essas habilidades em reconhecer tipos humanos, seja através das estratégias emocionais, seja pela percepção neurolinguística, seja pelos estudos e observação dos diferentes estágios do processo de adoção, e até mesmo pelas pesquisas de nichos de mercado.

Como professor e pesquisador de marketing, tenho por ofício os estudos de comportamento humano e nichos de mercado, que oferecem oportunidades, e há muito tempo publico a respeito. Todos sabem sobre a velocidade das mudanças e sobre a competitividade contemporânea. Não é mais possível pensarmos em estratégias que geram vantagem competitiva, deixando de lado os estudos da mente humana, dos perfis e comportamento das pessoas.

São muitos tipos diferentes de públicos (nichos), cada um oferecendo um potencial de negócios para as pessoas e empresas preparadas. Desde crianças da geração nativa tecnológica, jovens, pessoas fascinadas pelos *gadgets* (produtos das novas tecnologias), até os mais velhos apresentam comportamentos que, se reconhecidos e interpretados de forma correta, são uma fonte inesgotável de negócios.

2

A COMUNICAÇÃO, O TEMPO, O PODER E A INFORMAÇÃO

A comunicação em negociação compreende muitas formas através das quais nós e nossos clientes transmitimos e recebemos ideias, imagens e impressões de toda ordem. A palavra *comunicar-se* significa "pôr em comum". Por isso, a comunicação requer compreensão para que seja possível colocar em comum ideias, imagens e impressões.

2.1 Barreiras à comunicação e como superá-las

Sendo uma via de duas mãos de direção, uma dar e outra receber ideias, opiniões e impressões, a comunicação não se resume naquilo que se fala e naquilo que se ouve. É preciso captar o significado e não apenas as palavras.

Obstáculos à comunicação:

- falar antes de pensar;
- falar sem dar oportunidade aos outros;

64 Técnicas de Negociação • Zenaro

- ⊃ desconhecimento do assunto;
- ⊃ preconceitos;
- ⊃ desequilíbrio emocional dos envolvidos;
- ⊃ tonalidade da voz;
- ⊃ uso de palavras inadequadas;
- ⊃ vícios de linguagem;
- ⊃ ritmo;
- ⊃ ruídos externos;
- ⊃ confundir fatos e opiniões, inferências e observações.

Como superar as barreiras da comunicação:

- ✤ escutar atenta e ativamente o outro;
- ✤ demonstrar respeito e aceitação;
- ✤ tentar estabelecer empatia com seu interlocutor;
- ✤ formular perguntas;
- ✤ fazer comentários descritivos e não avaliativos.

Teste 1: Exercício de autodiagnóstico de comunicação

Responda cada quesito abaixo aplicado a você, e veja como está se comunicando:

a) Minha voz é agradável? _____

b) As pessoas dizem que falo alto ou baixo demais? _____

c) As pessoas pedem que eu repita o que disse? _____

d) Quando eu falo, presto atenção em minha voz? _____

e) Cuido da minha aparência? _____

f) Ando com a cabeça e os ombros erguidos? _____

g) Tenho passos firmes sem arrastar os pés? _____

h) Tomo cuidado com os gestos que faço? _____

i) Presto atenção aos movimentos do cliente? _____

j) Não julgo os clientes pela sua aparência? _____

k) Tento entender o que o cliente quer dizer? _____

l) Tenho paciência para ouvir?_____

m) Ouço sem interromper? _____

n) Ouço para entender e não para responder? _____

o) Aceito as opiniões dos outros? _____

p) Tento impor meu ponto de vista? _____

q) Aparento mau-humor? _____

r) Uso ironia com alguns clientes? _____

s) Falo demais, ou falo pouco? _____

t) Não me preocupo com o tempo? _____

u) Falo ao nível do cliente, de modo que ele entenda? _____

v) Assumo ares de importância com os humildes? _____

w) Sou o zé-ninguém com os importantes? _____

x) Gosto de dominar a conversa? _____

y) Gosto de encerrar logo a venda? _____

z) Faço vendas adicionais? _____

aa) Quero dirigir o cliente logo ao fechamento? _____

ab) Costumo brincar com os clientes? _____

ac) Conto piadas e casos engraçados? _____

Dica do autor (teste 1)

*Se você tem alguma dúvida sobre como é sua voz, e também sobre o conteúdo da sua conversa, que tal gravar alguma coisa e depois reproduzir a gravação a você mesmo? Não se assuste com a surpresa! Mas se você já fez isso, então sabe exatamente que a voz ressonada em sua caixa torácica e ossos da cabeça (que é o que você ouve de si mesmo) é muito diferente daquela voz no aparelho de som. Essa voz (sua voz) gravada e reproduzida no aparelho de som é aquela que seus interlocutores ouvem, portanto, comece a ouvir melhor a si mesmo, **o que diz e como diz**, e a ter certeza de ser claro o tempo todo, utilizando linguagem apropriada, simples e sem jargões ou palavras chulas.*

Teste 2: Como anda a minha comunicação

1. Você permite que o outro expresse seu argumento ou opinião sem interrompê-lo?

   ( ) sempre = 4   ( ) quase sempre = 3   ( ) poucas vezes = 2   ( ) nunca = 1

2. Você presta atenção nas entrelinhas, procurando o significado oculto das palavras, especialmente quando a pessoa usa linguagem não clara?

   ( ) sempre = 4   ( ) quase sempre = 3   ( ) poucas vezes = 2   ( ) nunca = 1

3. Você se esforça para desenvolver sua habilidade em reter informações importantes?

( ) sempre = 4   ( ) quase sempre = 3   ( ) poucas vezes = 2   ( ) nunca = 1

4. Você registra os detalhes mais importantes de uma conversação?

( ) sempre = 4   ( ) quase sempre = 3   ( ) poucas vezes = 2   ( ) nunca = 1

5. Ao relembrar um acontecimento qualquer, você se preocupa em localizar e registrar os fatos mais importantes e as palavras chaves?

( ) sempre = 4   ( ) quase sempre = 3   ( ) poucas vezes = 2   ( ) nunca = 1

6. Você repete para o seu interlocutor os detalhes essenciais de uma conversa antes que ela chegue ao fim, visando confirmar o que foi entendido?

( ) sempre = 4   ( ) quase sempre = 3   ( ) poucas vezes = 2   ( ) nunca = 1

7. Quando conversa com outra pessoa, você começa a imaginar a resposta para qualquer colocação apenas quando o outro já expressou 80% de suas ideias?

( ) sempre = 4   ( ) quase sempre = 3   ( ) poucas vezes = 2   ( ) nunca = 1

8. Você evita tornar-se hostil ou excitado quando o ponto de vista do seu interlocutor difere do seu?

( ) sempre = 4   ( ) quase sempre = 3   ( ) poucas vezes = 2   ( ) nunca = 1

9. Você ignora outros fatos paralelos à conversa quando está ouvindo?

( ) sempre = 4   ( ) quase sempre = 3   ( ) poucas vezes = 2   ( ) nunca = 1

10. Você sente e transmite um interesse genuíno no que o outro está dizendo?

( ) sempre = 4   ( ) quase sempre = 3   ( ) poucas vezes = 2   ( ) nunca = 1

11. Você evita virar-se ou mexer-se quando outras pessoas estão falando?

( ) sempre = 4   ( ) quase sempre = 3   ( ) poucas vezes = 2   ( ) nunca = 1

12. Você evita fazer um prejulgamento sobre um determinado assunto antes de ouvir o que o interlocutor tem a dizer?

( ) sempre = 4   ( ) quase sempre = 3   ( ) poucas vezes = 2   ( ) nunca = 1

13. Você procura ouvir as tomadas de posição ou conteúdos emocionais, tanto quanto ouve os argumentos racionais?

( ) sempre = 4   ( ) quase sempre = 3   ( ) poucas vezes = 2   ( ) nunca = 1

14. Você pede repetição ou uma nova explicação quando não ouve ou não entende bem?

( ) sempre = 4   ( ) quase sempre = 3   ( ) poucas vezes = 2   ( ) nunca = 1

15. Durante uma conversação, você costuma prestar atenção às mensagens não verbais (gestos, postura, expressões não verbais, face etc.), do interlocutor?

( ) sempre = 4   ( ) quase sempre = 3   ( ) poucas vezes = 2   ( ) nunca = 1

Resultado do exercício

48 pontos ou mais: você é bom ouvinte, desperta confiança e capta ideias;

40 a 47 pontos: você é médio ouvinte, não é um comunicador excepcional;

33 a 39 pontos: necessidade urgente de melhorias;

32 pontos abaixo: péssimo comunicador, não ouve, não entende, precisa melhorar muito.

Referência:

Zenaro (2011).

2.2 Linguagem corporal como forma de comunicação

A arte de negociar exige que você esteja preparado para se defrontar com pessoas muito diferentes de si, cujos comportamentos e posturas podem facilitar ou dificultar um processo de negociação.

Compreender a postura do oponente é fundamental para você iniciar bem o processo de negociação, pois, como afirma Mills (1993), "as discussões iniciais estabelecem o tom e o clima do restante da negociação". A posição do oponente poderá ser percebida a partir da observação de um conjunto de gestos da linguagem corporal.

Baseado na obra de Mills (1993, p. 154-158), descrever-se-ão as principais características de comportamento e a linguagem corporal correspondente, de cuja compreensão poderá depender o seu sucesso nos processos de negociação.

Receptividade:

* sorriso caloroso;
* braços descruzados;
* pernas descruzadas;
* inclinação para a frente;
* corpo relaxado;
* contato direto dos olhos com pupilas dilatadas;
* palmas das mãos abertas;
* paletó desabotoado ou sem paletó (para homens).

Defensiva:

* pouco contato dos olhos;
* contatos dos lábios para baixo;
* corpo rígido;

- mãos cerradas;
- palma da mão por detrás do pescoço;
- braços firmemente cruzados;
- sobrancelhas cerradas;
- lábios cerrados;
- cabeça abaixada;
- tornozelos cruzados fortemente;
- coçar os lóbulos da orelha ou o lado do pescoço.

Domínio:
- palmas das mãos para baixo;
- montar na cadeira – sentar-se com a cadeira ao contrário, servindo como proteção;
- elevação física sobre outra pessoa;
- voz estridente, alta;
- recostar-se na cadeira com ambas as mãos apoiando a cabeça;
- movimento forte da palma da mão para baixo, ou aperto de mão forte;
- perna sobre o braço da cadeira;
- usar a mesa como barreira física.

Agressividade:
- sobrancelha vincada;
- contato dos olhos sustentado com pupilas contraídas (encarar);
- óculos salientes;
- punhos fechados;

- braços estendidos enquanto as mãos agarram o canto da mesa;
- olhar com os olhos semicerrados;
- sobrancelhas voltadas para baixo;
- dedo indicador apontado;
- movimento forte da palma da mão para baixo ou aperto forte de mão;
- em pé, mãos nos quadris;
- movimentar-se para o território pessoal da outra pessoa.

Aborrecimento ou indiferença:
- olhar fixo inexpressivo;
- não piscar os olhos;
- cabeça na palma da mão;
- bater os dedos;
- pouco contato com os olhos;
- olhos desanimados;
- pernas cruzadas;
- rabiscar.

Frustração:
- ficar com o olhar perdido no espaço;
- correr os dedos pelos cabelos;
- chutar o chão ou um objeto imaginário;
- suspiros curtos;
- torcer as mãos;
- lábios fortemente cerrados;

- coçar a parte de trás do pescoço;
- dar suspiros profundos;
- mãos fortemente enlaçadas;
- andar de um lado para outro.

Boa vontade:
- bom contato com os olhos;
- sentado inclinado para a frente, com as mãos no meio da perna ou nos joelhos;
- expressão facial viva;
- em pé, com o paletó aberto e afastado para trás e com as mãos no quadril (para os homens);
- expressão facial alerta;
- proximidade;
- sentar na beirada da cadeira;
- acenar em concordância.

Confiança:
- mãos juntas (juntar os dedos como uma torre de igreja);
- recostar-se com as mãos juntas atrás da cabeça;
- posição ereta orgulhosa com as mãos juntas nas costas;
- cabeça erguida;
- pernas estendidas;
- elevando-se fisicamente;
- recostando-se na cadeira;
- contato contínuo dos olhos.

Nervosismo, incerteza:

- aperto de mão frouxo, fraco;

- pigarrear constantemente;

- mãos cobrindo a boca durante a fala;

- contato dos olhos negativo;

- risada nervosa;

- bater os dedos na mesa;

- suspirar;

- braços e pernas cruzados;

- agitar-se na cadeira;

- agitar objetos, roupas;

- andar de lá para cá;

- fumar;

- morder ou puxar as unhas ou cutículas;

- mexer constantemente um objeto qualquer.

2.3 Tipos de clientes e como tratá-los

1. **Impulsivo** – é impaciente, brusco, energético, ativo, de atuação rápida, gosta de gente ativa. Na entrevista, ele pergunta muito, interrompe, não presta atenção por muito tempo, faz outras coisas, mexe-se bastante.

   Como tratar – ouvir, dar respostas curtas e objetivas, ser rápido, fazer perguntas diretas para obter a decisão (sugestão).

2. **Ponderado** – paciente, descansado, calmo, atento, gosta de detalhes. Na entrevista ele pergunta pouco, ouve atento, fica à disposição, decide-se devagar.

   Como tratar – fazer uma boa apresentação, não demonstrar pressa, estar calmo, não interromper, responder com detalhes e deixá-lo à vontade.

3. **Indeciso** – nervoso, hesitante, sem firmeza, preocupado. Na entrevista ele quer provas, conselhos, diz muito "não sei", "talvez".

   Como tratar – sem agressividade, ganhar a confiança. Não apresentar muitas alternativas, decidir por ele, falando como se a decisão já estivesse tomada. Reforçar com provas.

4. **Positivo** – geralmente próspero e bem-sucedido, conhece a fundo seu negócio. Na entrevista ele quer ser ouvido e não ouvir, achando que sabe tudo.

   Como tratar – criar simpatia, ouvindo e admirando. Deixá-lo explicar algo do seu negócio. Não elogiar a pessoa. Pedir que apresente o plano ideal (ele sugere o que quer).

5. **Conversador e simpático** – sorri muito e deixa o vendedor à vontade, fala sobre tudo, é compreensivo. Na entrevista ele é muito acessível, desvia o assunto, não tem pressa, é amistoso e sabe vender sua imagem. É um péssimo comprador; despacha o vendedor com simpatia e o vendedor fica feliz.

   Como tratar – não entrar no rumo dele, mantendo o tema do assunto. Ser objetivo e direto, falando de suas razões e objeções.

6. **Calado e antipático** – formal, rigoroso, educado, opaco (não deixa transparecer nada). Na entrevista, não responde com palavras e acenos: faz longas pausas, usa atitudes dominantes.

   Como tratar – ir direto ao assunto, mostrar-se à vontade, fazer perguntas diretas, não deixar o silêncio se estabelecer, não ter medo de pedir a decisão.

A Comunicação, o Tempo, o Poder e a Informação **75**

7. **Descrente e desconfiado** – firme em suas convicções, impertinente, pessimista, polêmico, irônico. Na entrevista, ele quer provas, quer testemunhos, debate e raciocina, teme algo.

   Como tratar – usar lógica, apresentar detalhes relevantes. Não discutir, não ter pressa. Boa argumentação fecha a venda, desde que em cima do ponto central da insegurança (medo).

8. **Raciocínio lento** – cauteloso, humilde, pouca informação e escolaridade, geralmente foi vítima de vendedores inescrupulosos. Na entrevista fala pouco, quer segurança, quer detalhes, não acompanha a conversa técnica ou rápida.

   Como tratar – ganhar confiança, ir no ritmo dele e usar sua linguagem, ser persistente sem forçar, descobrir a razão de sua defesa.

9. **Técnico e conhecedor** – firme, decidido, muito bem informado, informal e à vontade. Na entrevista não faz rodeios, sabe exatamente o que quer e o que não quer. Nunca desfaz um NÃO.

   Como tratar – destacar aspectos técnicos, matéria-prima, funcionamento, garantias. Procurar a vantagem específica (o que ele ainda não tem).

10. **Curioso** – geralmente jovem, desinformado (mas não tolo), com gosto por novidades, falante, cheio de perguntas e opiniões, quer impressionar. Na entrevista, pergunta muito, quer saber tudo, foge ao assunto.

    Como tratar – manter a curiosidade e usá-la para desenvolver a entrevista. "Sabe como fica? Vamos experimentar?"

11. **Importante** – tem atitude digna, cortês, educado, atencioso, bem-sucedido, objetivo. Na entrevista ouve com atenção, co-

nhece benefícios a fundo. É ótimo negociador, só compra com benefícios.

Como tratar – com naturalidade, sem servilismo ou gentileza exagerada. Expor objetivamente e mostrar vantagens, vendendo realmente o produto.

12. **Falso importante** – falante, imponente, gabola, espírito de estrelismo. Na entrevista fala de sua atuação e de si mesmo, não ouve, gosta de debater, prende-se a detalhes irrelevantes.

Como tratar – usar desconsiderações sem exageros, não detalhar muito, não dar munição, ser bem objetivo. Fazer perguntas que deem a impressão de decisão: "sendo o senhor quem decide, tenho a impressão..."; "tenho certeza que prefere..., não?".

13. **Fácil** – concorda com tudo, simpático, fala bem do produto. Esperto, inteligente. Na entrevista tem boa disposição e ajuda o vendedor a argumentar. Conduz a entrevista.

Como tratar – não supor que o negócio está feito, que pode partir para o mais caro. Oferecer alternativa (duas ou três). Deixá-lo escolher e nunca impor.

14. **Exigente** – rigoroso e severo em julgamentos, difícil de convencer. Na entrevista prende-se à qualidade e preço, quer o melhor e só compra quando convencido.

Como tratar – fazer uma apresentação comparativa de qualidade/preço, com benefícios. Fazer perguntas e não tomar tempo demasiado. Entrevista longa = venda perdida.

15. **Colérico e irritado** – rude, brusco, ofensivo, direto, quer dominar. Na entrevista critica muito, fala de tudo o que o irrita, provoca, domina, fala muito. Fica na defensiva.

Como tratar – cortesia, atenção aos problemas que tem, simpatia. Não aceitar provocações pessoais (mesmo tentado a responder, não responda). Não discutir, polemizar, contra-argumentar. Deixar falar, mostrar sincero desejo em ajudá-lo.

16. **Vou pensar, vamos deixar para amanhã** – não é bem um tipo, mas alguém que não ficou convencido dos benefícios.

    Como tratar – falar dos males da indecisão (oportunidade, altas de preços etc.), transformando a decisão em assunto urgente. Explorar se a razão não é financeira. Bom argumento: "Se as pessoas esperassem até estarem bem preparadas ou terem realmente dinheiro, nada se fazia; ninguém casava, inclusive."

17. **Vou olhar, estou olhando** – sem interesse imediato, não quer comprar, indeciso.

    Como tratar – deixar à vontade, não pressionar, ficar quieto e atento e voltar imediatamente se notar algum interesse objetivo.

2.4   Por que se perdem clientes

As principais razões são:

1. não cuidar da aparência: cabelos, mãos, sapatos, roupa, postura;

2. desconhecer o produto: não saber explicar detalhes, não conhecer a fundo o que negocia;

3. subestimar o cliente: achar que ele não pode comprar, é tolo ou ingênuo;

4. deixá-lo esperando: ninguém gosta de esperar, por isso a atenção deve ser imediata. Atrasos nesse caso são injustificáveis;

5. não tratar bem, com cortesia, educação, gentileza, sorriso, cumprimentos, não agradecer;

78 Técnicas de Negociação • Zenaro

6. não respeitar o cliente: descortesia, apelidos, familiaridade, falta de seriedade;

7. não fazer perguntas para definir necessidades – acaba mostrando o produto errado, falando do benefício errado;

8. erros ao apresentar o produto: falar de qualidades que o produto não tem ou aplicações impossíveis, preço errado;

9. não mostrar interesse: não dar alternativas, preguiça em demonstrar e mostrar, não ficar próximo, não olhar para o cliente, não conversar sobre o interesse dele;

10. não sentir prazer em demonstrar – falar pouco, má vontade em responder, mostrar o que gosta e não o que o cliente quer, irritar-se, não ter iniciativa. Ninguém entende o produto numa primeira vez;

11. falta de concentração: divagar, não prestar atenção ao que o cliente diz, não ouvir, ser lento em movimentos, titubear em respostas;

12. mencionar o preço no início – a não ser que o cliente pergunte; o certo: falar antes dos benefícios, depois do preço;

13. falar de si: a vida e os problemas pessoais do vendedor não interessam ao cliente. Vendas é MOTIVAÇÃO e dramas não criam esse clima apropriado;

14. falar com outras pessoas – tentar entender duas ou mais pessoas ao mesmo tempo, falar com colegas, atender telefones etc. Nunca se deve abandonar o cliente;

15. queixar-se do tempo, do calor, da empresa, dos concorrentes, de outros clientes, de vendas feitas, da chefia etc. Este é um perdedor, que tem pena de si mesmo por ter de trabalhar. O cliente sente-se mal e, ao invés de dar seu apoio, se afasta;

16. emitir opiniões, criticar a todos, ter seu ponto de vista e não gostar de ser contrariado. Nunca criticar nem opinar sobre: religião, política, economia etc. Isso gera insegurança e medo,

que podem vir a impedir a venda, além de produzir antagonismos por parte do cliente ao se sentir diretamente ofendido;

17. não escutar – ter pressa, querer saber só do seu lucro. É fundamental ouvir o cliente, conhecer o que o cliente pensa da empresa, dos produtos, especialmente em relação a qualidade e atendimento, mesmo em reclamações;

18. não ter entusiasmo – sem alegria e senso de humor, sem animação, ninguém motiva outro para comprar;

19. pressão para comprar – mentir, exagerar, ser insistente e agressivo, usar procedimentos desleais. Poderá vender, mas certamente perderá o cliente;

20. não ter senso profissional – ambição e vontade de vencer são ótimas, mas devem ser aliadas ao bom-senso e respeito à empresa, chefias, colegas e clientes.

2.5 Variáveis que influenciam as negociações

Qualquer que seja o objetivo da negociação, sua importância e oportunidade, haverá três variáveis básicas que condicionam esse processo: poder, tempo e informação. Para se ter uma negociação efetiva, segundo Martinelli e Almeida (1997, p. 65), "é importante ter pelo menos duas das três variáveis presentes e, se possível, interligadas, além de saber utilizá-las corretamente".

2.5.1 O poder

À parte as conotações negativas que o termo possui, o poder na realidade deve ser entendido como um meio para se atingir algum fim. Na concepção dos autores citados, o poder permite mudar a realidade e alcançar objetivos.

Dizem os mesmos que "dentro de limites razoáveis é possível conseguir tudo o que se deseja, se estiver ciente das opções, testar suposições, correr riscos calculados e basear-se em informações sólidas, acreditando que se tem poder; desta forma se transmite autoconfiança aos demais".

> "A negociação utiliza esta forma positiva de poder, exercendo autoconfiança, defendendo interesses e realizando acordos satisfatórios para todas as partes, e não o poder negativo de prejudicar, massacrar, iludir, humilhar o oponente" (MARTINELLI; ALMEIDA, 1997, p. 66).

Por outro lado, os autores enfatizam muito bem quando afirmam que as pessoas têm muito mais poder do que imaginam. Salientam que se deve usar o poder para mostrar à outra parte que o único caminho para ela vencer é ambas vencerem.

O poder pessoal

"Aquelas qualidades pessoais que dão a uma pessoa a habilidade para influenciar outras são chamadas de poder pessoal" (MILLS, 1993, p. 132). Os poderes pessoais são poderes natos que estão presentes em qualquer situação de negociação. Contudo, é conveniente conhecê-los e desenvolvê-los. Ainda segundo Mills, para aumentar nosso poder pessoal precisamos melhorar nossas habilidades de construir relacionamentos. Martinelli e Almeida apresentam os principais, muitos corroborados por outros autores.

O poder da moralidade

Esse poder é adquirido na infância, no ambiente familiar, na escola etc. Para Martinelli e Almeida (1997, p. 67), "os conceitos do que é certo e errado tendem a ser muito próximos de um país para outro, de uma cultura para outra, de um grupo étnico para outro". Além disso, segundo eles, há regras universais que orientam princípios éticos.

Os autores advertem para um aspecto importante ao afirmarem que na negociação dever-se-á negociar com a outra parte de acordo com os nossos padrões éticos, visto que alguns apelos que funcionam num grupo têm significado diferente em outros, em função dos padrões culturais diferentes. O papel da mulher, por exemplo, na cultura árabe é muito diferente do que na cultura ocidental.

Os autores consultados indicam que uma boa maneira de utilizar o poder da moralidade "constitui-se em, ao ser ofendido ou receber algo que lhe desagrada, perguntar ao outro lado se considera isso justo e direito". Essa pergunta, para eles, tende a abalar qualquer um, desde que seja do mesmo meio cultural.

Para realçar a importância desse poder, vejamos as palavras de William Ury (1999, p. 10), considerado uma das maiores autoridades mundiais no assunto da negociação, em matéria publicada na revista *HSM Management*: "O patrimônio mais valioso de um negociador é sua reputação."

O poder da atitude

Martinelli e Almeida afirmam "que se envolver demais em um negócio é característica comum em algumas pessoas". Contudo, segundo eles, "é importante a atitude de não se preocupar excessivamente".

Pelo que colocam esses autores, de certo modo é necessário preocupação com o processo de negociação, evitando-se os excessos. A atitude correta, entretanto, é encarar a situação com energia e disposição, evitando a tensão, demonstrando autoconfiança para obter melhores resultados.

O poder da persistência

Muitas vezes confunde-se persistência com insistência. Os autores alertam que a insistência pode acabar com seu poder enquanto a persistência tende a aumentá-lo.

Eles citam exemplos para caracterizar a diferença entre os dois conceitos. "A insistência envolve, por exemplo, vinte e sete telefonemas para uma revendedora de autopeças em uma semana

82 Técnicas de Negociação • Zenaro

para se conseguir uma peça do retrovisor elétrico do carro, conseguindo-a após duas semanas de muita insistência."

Já num exemplo de persistência: em um contrato para prestação de serviços, "num primeiro contato, uma das partes rejeita-o; sem desânimo, a parte encarregada do contrato modifica-o, apresentando uma segunda proposta, sem muitos resultados, sendo necessário refazê-la por mais umas três ou quatro vezes, conseguindo enfim, a sua assinatura, após muita persistência".

O que se percebe é que muitas vezes falta persistência às pessoas que desistem facilmente diante das primeiras dificuldades, não encontrando, com isso, a melhor alternativa num processo de negociação.

O poder da capacidade persuasiva

Persuadir pessoas, segundo Martinelli e Almeida (1997, p. 69), "é mostrar-lhes a importância de algum fato que ocorre". Só que para isso é necessário que se entenda daquilo que se diz. Ainda é necessário se expressar com clareza, argumentar bem, evitando a contestação. Muitas vezes é possível fazer analogias com a experiência e formação da outra parte. Tudo isso, contudo, deve estar voltado para satisfazer necessidades e os desejos individuais.

Esse último aspecto tem uma importância fundamental, pois mesmo que os dados e a lógica utilizados pelo negociador sejam incontestáveis, se a aceitação desses dados e dessa lógica não satisfizerem as necessidades e os desejos do oponente, de nada valerão no processo de negociação (MARTINELLI; ALMEIDA, 1997).

O objetivo do negociador, segundo os autores, é convencer as outras partes que o que se está dando é mais valioso do que eles podem realizar e que aquilo que é oferecido é o mais razoável.

Por outro lado, os mesmos advertem que a persuasão pode ser mais efetiva quando consegue desviar-se da contra-argumentação do oponente. Uma possibilidade para isso seria distraí-lo com algum outro fato da negociação, ou mesmo com um assunto alheio ao negócio.

Os autores supracitados apresentam dicas importantes que poderão ser úteis num processo de negociação, como se verá em seguida.

> "Quando se tem um argumento importante para persuadir alguém, pode-se expô-lo ao final, para uma cartada decisiva; se for percebido que a outra parte gostaria de receber maiores informações, a argumentação deve ser colocada no início, aumentando a credibilidade em relação ao oponente e as possibilidades de fechamento do acordo. Se não se tem certeza sobre o interesse ou as necessidades do adversário, pode-se dosar informações no início ou fim, conforme for sendo viável e interessante" (1997, p. 69).

Um aspecto importante a ser considerado num processo de negociação e que pode ser muito persuasivo diz respeito ao poder das perguntas. Mills (1993) afirma que os bons negociadores não persuadem falando, mas fazendo perguntas. "Eles utilizam as perguntas para plantar ideias na mente das pessoas do outro lado e depois fazem com que elas as nutram como se fossem de sua autoria."

As perguntas lhes dão o poder para controlar o conteúdo, o tom, o ritmo e a direção de uma negociação. Os negociadores de sucesso utilizam as perguntas, e não as razões, como seus principais instrumentos de persuasão.

O poder do especialista

Esse poder, segundo Martinelli e Almeida (1997, p. 71), "está relacionado com o conhecer o que se negocia e com quem, bem como ter habilidades para estudar ou preparar uma boa maneira de se negociar". Por certo, envolve também a experiência. "Se a negociação trata de uma obra de Picasso, deve-se conhecer sobre sua arte para saber se tal obra é verdadeira ou apenas uma réplica."

Um conselho importante dos autores relaciona-se ao fato de apresentar logo no início da negociação a própria experiência, formação e credenciais. Assim, mostrar o conhecimento que se tem pode ser um trunfo muito importante.

Os autores afirmam que "esta especialização envolve tempo de preparação, conhecimento do assunto, de acordo com a situação, com o momento".

O poder da posição

Esse poder está presente em algumas negociações, pois é característica de algumas posições. "Um juiz, um gerente, um coronel, um pai, um chefe de setor detêm um tipo de poder que é do cargo que ocupam" (MARTINELLI; ALMEIDA, 1997, p. 72).

Os autores alertam para o perigo da influência desse tipo de poder, pois muitas vezes é usado abusivamente. "Nesses casos, a negociação caminha pelo lado negativo, popularmente conhecido como ganha-perde, com fortes perspectivas de um péssimo acordo e, consequentemente, um relacionamento comprometido."

O poder da legitimidade

Segundo os autores citados, esse tipo de poder "está relacionado com a legitimidade do que está escrito, bem como com a necessidade de ordem e estrutura social, obtendo-se as bases para a legitimação do poder". O poder legitimado pode ser obtido por nascimento, como no caso da rainha da Inglaterra, ou por eleições, no sentido pessoal. De outra maneira, é possível questionar a legitimidade de uma placa de trânsito ou de uma lei ou regulamento.

O importante é que a legitimidade pode ser questionada e desafiada. Os autores recomendam usar o poder da legitimidade quando for vantajoso e questioná-lo quando for conveniente.

O poder dos riscos

"Para se tirar a sorte grande, é preciso comprar o bilhete" (MARTINELLI; ALMEIDA, 1997, p. 74). A partir dessa forma de raciocínio os autores afirmam que, ao negociar, "é necessário correr riscos, com uma boa dose de bom-senso e coragem, ou seja correr um risco razoável, de modo que se possa arcar com as consequências adversas, calculando vantagens e desvantagens".

Muitas vezes numa negociação se perdem ótimas oportunidades de um acordo melhor por não querer correr riscos.

Segundo Cohen (1980 apud MARTINELLI; ALMEIDA, 1997, p. 75), "para correr riscos com inteligência é necessário saber pesar os prós e os contras, além de ser indispensável saber aceitar uma derrota razoável sem se queixar". O risco de um retrocesso, segundo o autor, é o preço que se paga por qualquer progresso.

O poder do compromisso

Nesse tipo de poder o envolvimento de várias pessoas diminui a incerteza, pois se tem a oportunidade de receber o maior número possível de opiniões e contribuições, para poder fazer frente à incerteza.

> "Ao fazer com que várias pessoas se comprometam em um mesmo projeto, é possível distribuir os riscos, facilitando a exploração de oportunidades favoráveis, já que o risco se dilui. A tensão em torno da negociação é reduzida, a dedicação conjunta transmite confiança, poder. Se há conflitos ou discordâncias dentro de um mesmo grupo, sua posição é enfraquecida" (MARTINELLI; ALMEIDA, 1997, p. 75).

Poder de recompensa e de punição

Martinelli e Almeida afirmam que é difícil ter o poder de manipular as pessoas e utilizá-lo corretamente. Segundo Cohen, citado pelos autores, "se se conhecem as percepções e necessidades de uma pessoa, e sabe-se o que ela pensa, tem-se poder sobre ela, podendo-se, então, controlar seu comportamento".

Por outro lado, o poder de recompensa e punição também pode ser usado quando o negociador tem mais poder que o oponente, fazendo valer o poder da legitimidade antes da informação e persuasão, para conseguir concessões.

Contudo, afirmam os autores, "o ideal, ao contrário de punir, seria mostrar a outra parte que o acordo só será satisfatório se ambos lucrarem, afinal o importante é negociar bem e satisfazer as necessidades dos envolvidos, sem chantagens".

Para Mills (1993, p. 126), "o único modo de proteger-se contra o poder da recompensa que o outro negociador exerce sobre você é demonstrar sua relutância".

Poder de identificação

"Este existe em todas as relações interpessoais; inclusive transações de negócios e política podem ser derivadas da qualidade pessoal de um indivíduo e do relacionamento pessoal criado com outro, através de similaridades, de admiração, baseados em admiração, baseados em atrativos físicos [...], ou então qualidades de atração mais amplas, como amizade, instinto gregário, honestidade, integridade, entre outras" (MARTINELLI; ALMEIDA, 1997, p. 77).

De acordo com os autores, na negociação, fazer com que o oponente se identifique com o outro negociador aumenta a capacidade de acordo.

2.5.2 O tempo

O tempo afeta enormemente a negociação. Para Ury (1999, p. 9), "a necessidade de velocidade significa, paradoxalmente, que precisamos ir mais devagar. A negociação leva tempo. A formulação de relacionamentos de confiança leva tempo". Para ele, é possível negociar rápido e com eficiência, mas somente se você já tiver investido antes numa relação de confiança.

Já Martinelli e Almeida (1997, p. 79) afirmam que numa negociação o tempo deve ser cuidadosamente analisado, "verificando-se como ele afeta o processo".

O tempo é uma variável essencial no processo de negociação, levado muito a sério pelos britânicos e suíços e nem tanto pelos brasileiros. Qual característica seria a ideal?

Os autores respondem dizendo que o limite de tempo é definido por quem negocia, tornando-se mais flexível do que se imagina. "Como produto de uma negociação, os prazos também podem ser negociáveis."

> "Geralmente, constata-se que as concessões feitas em uma negociação acontecem o mais próximo possível dos prazos finais, senão depois de expirados. E quanto mais próximo do fim, maior é a pressão do tempo, a tensão de fazer concessões para a realização de um acordo, que tenderá a não ser tão satisfatório" (MARTINELLI; ALMEIDA, 1998, p. 79).

Os autores salientam que todas as partes envolvidas em uma negociação normalmente têm um prazo limite. Porém, segundo eles, muitas vezes a outra parte tenta parecer indiferente em relação ao prazo, o que sempre traz resultados, visto que aumenta a pressão sobre o oponente.

Por fim, os autores supracitados fazem recomendações interessantes, quais sejam:

• ser paciente, já que as principais concessões e os acordos bem-feitos acontecem, na maioria das vezes, nos instantes finais da negociação. Assim, suportar a tensão até o fim, sem fugir nem lutar, além de ser uma demonstração de força, normalmente leva aos melhores resultados;

• ser ponderado, sabendo avaliar os benefícios e prejuízos de se cumprir ou ultrapassar um prazo determinado, tendo a flexibilidade de obedecer ou não ao tempo limite;

88 Técnicas de Negociação • Zenaro

- ser tranquilo, controlando as emoções que surgem ao final do prazo estipulado e quando o acordo ainda não surgiu. A pressão exercida nesses momentos também deve ser controlada com tranquilidade;

- ser sensato, ou seja, não tomar decisões precipitadas, já que não é desse modo que se alcança o melhor resultado; ao contrário, é preciso tempo e perseverança.

2.5.3 A informação

De acordo com o dicionário *Aurélio*, informação é o ato ou efeito de informar-se, dados acerca de alguém ou algo, conhecimento, participação, direção, conhecimento amplo e bem fundamentado, resultante da análise e combinação de vários informes.

Embasados nessa definição, Martinelli e Almeida (1998, p. 81) afirmam que a negociação permite que a informação seja utilizada para obter detalhes de quem será envolvido no processo, já que a negociação se desenrolará mais rápido; evitará falsas expectativas; encaminhar-se-á para o ganha-ganha; permitirá o conhecimento até pessoal das partes, garantindo um relacionamento duradouro; além de caracterizar um certo poder em relação aos demais.

> "A informação está intimamente relacionada com o poder de conhecer as necessidades, ou seja, ela pode encaminhar ao sucesso, afetar a avaliação da realidade e as decisões que serão tomadas. Raramente se inicia uma negociação conhecendo profundamente todas as necessidades, interesses e propriedades das pessoas envolvidas, podendo muitas vezes ocorrer blefes e distorções das informações" (MARTINELLI; ALMEIDA, 1997, p. 82).

É interessante notar que num processo de negociação podem-se obter mais informações, ao colocar-se como se tivesse "dificulde" na assimilação de algumas informações, fazendo com que o outro lado procure dar mais informações.

Outro aspecto importante é o de possuir a habilidade, o conhecimento de determinado fato, assunto, negociação, podendo até gerar um poder de especialização, de acordo com Martinelli e Almeida (1997, p. 84).

A era da informação digital

Você com certeza já ouviu falar em era da informação, ou em era digital. Uma revolução está em andamento bem diante dos seus olhos. É como se você tivesse andado de bonde a vida toda e descobrisse de repente que pode dirigir um automóvel superveloz. Não tem mais que ir ao ponto para tomar a condução, pode guiar sozinho e entrar em cada ruazinha que encontrar, a qualquer hora, metaforicamente falando. O que os jornais chamam de era da informação nada mais é que o atestado de óbito da cultura de massa – um estilo de vida que surgiu com Gutenberg, no século XV, e foi a tônica da Revolução Industrial. Até hoje você foi obrigado a assistir ao mesmo filme que o vizinho, ler o mesmo jornal que outros 200 mil assinantes, comer o mesmo presunto industrializado e usar uma calça *jeans* do mesmo modelo do seu amigo de trabalho. Ou pior, quem assiste apenas àquele canal de TV, às mesmas novelas, aos mesmos programas paupérrimos em cultura, programas de auditório etc., esse tempo está chegando ao seu fim. Bem-vindo à era da informação, escolha com critério o que você quer ver, os meios estão a apenas um "teclado de distância", ou até mesmo a apenas uma frase pronunciada por você, em sistemas que reconhecem a sua voz e estão a seu serviço.

No lugar da massificação, em que uma matriz serve igualmente a todo mundo, surge agora a personalização. Uma companhia fabricante de bicicletas no Japão é capaz de produzir 11 milhões de modelos de bicicleta, de acordo com o gosto do cliente – que recebe a encomenda em 24 horas. A *bike* pessoal leva em conta idade, peso, altura e estilo de vida do comprador, e custa só 10% a mais que um modelo comum. Imagine essa tendência em tudo que o cerca. Pois é, vai ser assim.

A tecnologia da informação criou uma economia totalmente nova. Ela é tão diferente da economia industrial quanto a economia industrial foi diferente da agrícola. Desceremos do bonde e passaremos ao que comumente no mundo todo chama-se de "economia da escolha", na qual o consumo é pautado pela história de vida do cliente e o produto tem alta qualidade para quem o adota, por se tratar de exclusivo.

Os dois maiores negócios do planeta, hoje, são as indústrias do petróleo e a automobilística. Daqui a dez anos será a indústria da informação e do conhecimento. Quem vai permitir isso é a digitalização. Imagens em movimento, sons e textos podem ser transformados em dígitos binários, em infinitas combinações de 0 e 1. Com a ajuda de fibras ópticas e satélites, esses dígitos binários, ou *bits*, podem ser transportados para qualquer lado. Esse caminho foi batizado de super-rodovia da informação.

Quando os automóveis foram inventados, uma série de fenômenos novos mudou os hábitos dos seres humanos. Surgiram estradas asfaltadas e os subúrbios. A velocidade da vida cotidiana se acelerou. Houve coisas boas e ruins. Também ganhamos mais poluição e passamos a depender do petróleo. Com a era da informação não vai ser diferente. Os críticos falam em isolamento nas casas e no fim da vida comunitária. Os otimistas contra-atacam. Para eles, redes como a Internet ao redor do mundo, em conversas pelo computador doméstico, não significam isolamento. Os computadores também são mais democráticos. Qualquer pessoa, em um sistema gratuito, pode desenvolver seu perfil em uma rede social e difundir suas ideias.

O que você fez com seus velhos discos de vinil? Eu tenho alguns clássicos que hoje não têm preço, por exemplo: Deep Purple *Made in Japan*, ou Pink Floyd *The Wall*. Pois vai acontecer coisa parecida com os CDs, as fitas de vídeo (já extintas), cartuchos de *videogame* (extintos), substituídos por PS4 e Xbox One. Grandes bancos de dados serão capazes de fornecer, a qualquer hora, tudo aquilo que você precisar, por pouco dinheiro e até gratuitamente. É o que os especialistas chamam de "fim dos meios físicos". Estamos em plena era da computação nas nuvens, ou seja, *cloud computing*, em que a informação é enviada e armazenada em unidades de armazenamento gigantescas em algum lugar e podem ser acessadas de qualquer parte do mundo. O futuro é virtual e caminha na velocidade da luz por fibras ópticas, que estão cada vez mais baratas.

A porta de entrada da super-rodovia já é um híbrido de computador, telefone e televisor. No lugar de teclado, comandos de voz ou toques na tela. É possível estudar, fazer compras e trabalhar sem sair de casa. Mas não é só isso. Com a digitalização, as noções de compra, estudo ou trabalho vão mudar. Você vai escolher o tamanho, a cor e o modelo da sua nova camisa e ela será diferente de qualquer outra.

No campo da educação e da informação, o mundo vai ficar de ponta-cabeça. De acordo com pesquisas da Universidade de Stanford, as pessoas são capazes de guardar 10% do que leem, 30% do que leem e ouvem, e 70% do que leem, ouvem e interagem, ou seja, será mais fácil aprender. Uma lição de casa sobre qualquer assunto poderá ser feita com material de acervo de qualquer lugar do mundo.

O computador pessoal é o melhor exemplo de máquina personalizada. Nele é impossível ser passivo (ele não faz nada sem o comando do dono). Também é difícil encontrar um computador com os mesmos programas e utilizações idêntico a outro. Ele é uma máquina íntima.

A capacidade de interagir, definindo suas lições e abrindo caminho em bancos de dados de todo o mundo vai mudar a face do que chamamos hoje de conhecimento. Fronteiras entre países, línguas diferentes, culturas hostis – tudo isso perderá a razão de ser.

Há quem afirme que a super-rodovia vai aumentar o fosso entre ricos (informados) e pobres (ignorantes). É possível, mas improvável. Os preços de computadores e fibras ópticas estão mesmo mais acessíveis

Os computadores são cada vez mais poderosos, têm mais recursos e custam menos. Há mais gente no mundo alfabetizada em linguagem de programação de computadores do que em línguas escandinavas, por exemplo.

O grande desafio para o futuro é justamente encontrar a linguagem da super-rodovia de informação. O resultado de imagens em movimento, sons e textos é muito maior que a soma das partes. A multimídia interativa, que hoje se pode ver em diversos tipos de mídias, ainda usa muitos recursos criados com a invenção do livro. Fala-se em número de páginas e índices, por exemplo, como se ainda lêssemos papel impresso. Quando o carro foi inventado, era chamado de carruagem sem cavalos. Nesse período de transição cultural e tecnológica, você tem dois caminhos. Pode, por exemplo, escrever um *e-mail*, mas também pode se encontrar em outro lugar na Internet. Bem verdade, tudo isso só funciona com o nosso comando.

3

NEGOCIAÇÃO: ESTRATÉGIAS E TÁTICAS

Uma negociação é como um jogo. Nele, algumas estratégias (macrovisão e decisões) e táticas (ações localizadas) são combinadas no rumo de um fechamento de acordo. As táticas são empregadas durante a dinâmica da negociação, sendo que sua aplicação depende do panorama situacional. Alguns fatores-chave devem ser observados:

1. Uma tática só funciona quando a outra parte não tem consciência da sua aplicação.
2. Quase sempre, é uma arma de um tiro só, ou seja: aplicada uma vez, dificilmente voltará a ser utilizada numa mesma negociação.
3. As táticas devem ser aplicadas com muito cuidado, para que a outra parte não venha a sentir-se manipulada.

3.1 As principais táticas de negociação

Brainstorm

Consiste numa reunião preparatória da negociação. Os negociadores e seus auxiliares procuram elencar o máximo possível de variáveis que podem ser acionadas pela outra parte, até esgotar as possibilidades conhecidas. Em seguida, é feita uma análise de cada variável e, sobre ela, desenhada uma alternativa de neutralização e/ou réplica.

Salame

Consiste em obter, fatia por fatia, a concordância da outra parte, a exemplo do que se faz ao degustar um salame: fatias finas, uma a uma.

Fato consumado

Muito utilizada, esta tática apresenta-se como um termo final de acordo já pronto, dentro do cenário ideal para a parte que faz a proposição. Espera-se que a contraparte aceite os termos, como que evitando o desgaste de uma negociação mais demorada.

Colchete

Consiste em isolar os detalhes do panorama negocial e tratar um de cada vez, como tentativa de neutralizar a muito empregada tática do cobertor.

Cobertor

Muito empregada por entidades sindicais, sobretudo no renascimento do movimento sindical brasileiro pós-1979, consiste em apresentar todos os itens da pauta de negociação de uma só vez, dentro, é claro, do panorama ideal desejado pela parte que está propondo. Costuma ser usada para dar início a negociação com perfil alongado de complexidade e demanda de tempo.

Reversão

Consiste em mudar de postura durante a negociação, alterando formas de agir, como, por exemplo: estando condescendente, derivar para a não concessividade. O objetivo é exercer a pressão psicológica sobre a contraparte e remeter a sua decisão para os termos imaginados pelo negociador. Geralmente, emprega-se essa tática em situações negociais complexas ou que estejam próximas de impasses difíceis.

Bom sujeito, mau sujeito

Embora muito conhecida, portanto de eficácia duvidosa, consiste em dois negociadores de uma mesma empresa fazendo papéis diferentes: enquanto um mostra-se condescendente, gentil, tendente a criar facilidades, o outro faz o gênero "durão", com o objetivo de induzir a outra parte a aceitar a proposta apresentada pelo negociador que faz o papel de "bom sujeito". É uma tática utilizada, também, como forma de confundir e intimidar, embora seja discutível.

Autoridade limitada

Muito acionada por profissionais de vendas e de suprimentos, é utilizada para pressionar a contraparte no sentido da aceitação de uma proposta feita, criando a impressão de que, não a aceitando, deverá ter que haver consultas aos superiores hierárquicos, o que pode demandar mais tempo.

Retirada aparente

Com o objetivo de ganhar tempo, cansar ou pressionar sutilmente a contraparte, esta tática refere-se a uma ação de abandono da mesa de reunião ou de adiamento.

Ameaça

Consiste em usar "artilharia pesada": como último recurso, deixar claro que poderá haver abandono da mesa de negociação, represálias como greves ou suspensão de fornecimentos futuros, atendimento prioritário para outros clientes, dentre outras medidas de caráter radical. Só deve ser utilizada em absoluto último caso.

Data limite

Muito usada em todos os segmentos da economia, trata-se de fixar uma data final, após a qual será muito difícil manter preços, condições de pagamento e mesmo a garantia de fornecimento. Só deve ser utilizada como recurso final e com muita consciência por parte do negociador.

Intimidação

É uma tática caracterizada por alta pressão psicológica, acionada em situações muito especiais com alto poder de fogo do negociador, por exemplo. Este adota uma postura que leva a contraparte ao acuamento, tipo beco sem saída.

Debilitação

Tentar vencer a contraparte pelo cansaço ou pelo esvaziamento progressivo dos seus termos e condições. Alongamento do tempo da negociação ou repetição exaustiva de argumentos e fatos já estudados são típicos da ação debilitativa que pode ser utilizada pelo negociador.

Surpresa

Consiste em mostrar o domínio de informações ou dados que a contraparte desconheça, ou apresentar um argumento/proposta inteiramente fora do convencional, assim como um fator inteiramente inusitado, para enfraquecer a resistência e levar a negociação ao seu fechamento imediato. Alguns autores e estudiosos da arte da negociação definem essa tática como "carta na manga".

Drible

Consiste na ação de estar defendendo uma determinada posição como preço, por exemplo, quando na verdade a meta é obter dilatação de prazo de pagamento. Usa-se essa tática para não deixar a contraparte perceber as verdadeiras intenções do negociador, para desviar a sua atenção e deslocar, assim, a sua energia para outro campo.

Abstinência

Consiste em adiar a decisão, notadamente quando a negociação entra em clima de tensão, confrontos e impasses difíceis.

Silêncio

É uma tática com dois sentidos: o primeiro, para neutralizar as táticas da ameaça e da intimidação, como forma de mostrar para a contraparte a própria serenidade e o quanto o negociador não se deixa abalar pelas "alfinetadas"; e o segundo, para ganhar tempo para reflexão, enquanto a contraparte expõe os detalhes do que deseja e as suas posições.

Explosão emocional

A ser usada em condições muito especiais, a tática da explosão emocional é uma forma de compor-se com as táticas da ameaça e da intimidação. Seus efeitos, se mal utilizada, podem ser desastrosos para ambas as partes na negociação.

Inversão de papéis

Trata-se de uma ação comportamental, pela qual o negociador fala e argumenta como se fosse a contraparte, para chamar a atenção desta para as vantagens e benefícios da proposta inicial que foi apresentada. Também é conhecida como tática da "paráfrase", ou seja: repetir, com as próprias palavras, o que foi dito pela contraparte.

Repete, reforça e inverte

Consiste em repetir exatamente o que a contraparte falou, reforçar ainda mais seus argumentos e depois inverter a situação, apresentando um argumento muito forte e convincente, totalmente contrário ao que está em discussão. Demanda muita técnica e conhecimento do assunto, além da habilidade do negociador.

Dar para receber

Também conhecida como a tática do "se... então...", consiste em fazer trocas com a contraparte, cedendo enquanto recebe algo em troca, passo a passo.

3.2 Táticas eficazes de fechamento como um conjunto de técnicas

Em todos os cursos de vendas, uma das maiores preocupações de todos que deles participam é: como "fechar" o negócio? Pois bem, eu tenho observado ao longo de anos prestando consultorias e treinamentos nessa área de vendas e negociação e acredito nas técnicas para induzir ao fechamento de uma venda ou negócio. Aliando a experiência de consagrados profissionais de vendas, indico as seguintes técnicas para induzir inteligentemente ao fechamento de todo o esforço de uma negociação:

TÉCNICA 1 – FAÇA A PERGUNTA LÓGICA!

Isso mesmo! Pergunte ao cliente: "Preciso esclarecer mais alguma coisa antes de finalizar este negócio?"

Sua avaliação: aplicabilidade desta técnica (dar uma nota) 1.2.3.4.5.6.7.8.9.10

TÉCNICA 2 – SUPONHA QUE O CLIENTE IRÁ COMPRAR

Este é o resultado natural da pergunta anterior. Trabalhe no sentido de que o cliente está motivado e convencido a fechar o negócio com você. Jamais trabalhe com o pensamento: "Este cliente não vai fechar comigo".

Sua avaliação: aplicabilidade desta técnica (dar uma nota) 1.2.3.4.5.6.7.8.9.10

TÉCNICA 3 – TENTE USAR O "ÁS" NA MANGA!

Trata-se da característica do produto ou de um benefício impactante que você teve o cuidado de guardar para os momentos de desespero.

Sua avaliação: aplicabilidade desta técnica (dar uma nota) 1.2.3.4.5.6.7.8.9.10

TÉCNICA 4 – MENCIONE AQUELE NOME MÁGICO

Trata-se de mencionar alguém ou uma empresa que já tenha se beneficiado com o que você esteja oferecendo ao cliente, de preferência um nome que seja muito conhecido pelo cliente ou pelo mercado.

Sua avaliação: aplicabilidade desta técnica (dar uma nota) 1.2.3.4.5.6.7.8.9.10

TÉCNICA 5 – USE A ABORDAGEM DO AGORA OU NUNCA

Refere-se à técnica de não ter medo de oferecer ao cliente a oportunidade de ganho, lucro, rentabilidade, de forma enfática e clara. Em outras palavras: não deixar para depois ou ficar hesitante.

Sua avaliação: aplicabilidade desta técnica (dar uma nota) 1.2.3.4.5.6.7.8.9.10

TÉCNICA 6 – TENTE A TÉCNICA "COM AÇÚCAR OU COM ADOÇANTE?"

Não pergunte se o cliente quer café. Pergunte se ele quer o café com açúcar ou com adoçante, como o fazem os garçons dos restaurantes de luxo. Eles aprenderam a decidir pelo cliente para levá-lo a consumir mais... do mais caro que houver.

Sua avaliação: aplicabilidade desta técnica (dar uma nota) 1.2.3.4.5.6.7.8.9.10

TÉCNICA 7 – USE O GRANDE ARGUMENTO FINAL

No momento em que tudo indica que o cliente vai "fechar" a operação com você... ele apresenta uma objeção inesperada. Se você manifestar sinais de desapontamento, certamente deverá perder a venda. O que fazer? Torne a destacar todos os benefícios para o cliente, combatendo a objeção apresentada por ele. Na verdade, o argumento final é a redescrição de todo o panorama de vantagens e benefícios ilustrados desde o início da entrevista de venda.

Sua avaliação: aplicabilidade desta técnica (dar uma nota) 1.2.3.4.5.6.7.8.9.10

TÉCNICA 8 – NÃO SE ESQUEÇA DO INCENTIVO ESPECIAL

Se você dispuser de um elemento a mais como um desconto ou incremento no ganho para o cliente, por menor que venha a ser, é a hora de apresentá-los como uma condição toda especial para esse cliente. Se não for possível, não entre em pânico! Há muitas outras técnicas para induzir o fechamento.

Sua avaliação: aplicabilidade desta técnica (dar uma nota) 1.2.3.4.5.6.7.8.9.10

TÉCNICA 9 – FAÇA UMA PROPOSTA IRRESISTÍVEL

Supondo que a venda esteja fechada, faltando apenas uma espécie de "empurrãozinho", junte todos os elementos como vantagens, descontos, benefícios, melhores prazos etc., e apresente-os de FORMA INTEGRADA. Isoladamente, cada um destes elementos tem uma força indutora ao fechamento; juntos, a potência cresce de forma exponencial.

Sua avaliação: aplicabilidade desta técnica (dar uma nota) 1.2.3.4.5.6.7.8.9.10

TÉCNICA 10 – TENTE DIVIDIR O BOLO

Se não for possível fechar a operação de uma só vez, tente o que pode ser entendido, também, como a "técnica do salame", que se refere a conseguir o todo... por partes. Procure dividir a operação em "fatias" e concluir a negociação de cada fatia por vez. Funciona.

Sua avaliação: aplicabilidade desta técnica (dar uma nota) 1.2.3.4.5.6.7.8.9.10

Negociação: Estratégias e Táticas **101**

TÉCNICA 11 – ASSUMA A RESPONSABILIDADE

Mostre para o cliente que VOCÊ assume a responsabilidade pelo que esteja oferecendo, mostrando-lhe que você tem absoluta segurança no que diz e nas perspectivas de ganhos e de vantagens para o cliente. Nesse momento você está vendendo, também, a sua pessoa, o que costuma ser um ponto a favor do fechamento de uma operação.

Sua avaliação: aplicabilidade desta técnica (dar uma nota) 1.2.3.4.5.6.7.8.9.10

TÉCNICA 12 – TENTE IR DIRETO AO PONTO

Deixe claro que você deseja "fechar" a operação. Essa é uma técnica parecida com o impacto de granada de artilharia de alto calibre: não deve ser utilizada a não ser em caso de absoluta necessidade, quando se tratar, por exemplo, de uma ação "devastadora". Por ser técnica de alto impacto, o seu uso deve ser justificado por condições especiais.

Sua avaliação: aplicabilidade desta técnica (dar uma nota) 1.2.3.4.5.6.7.8.9.10

TÉCNICA 13 – PEÇA CONFIRMAÇÃO

Monte o documento que formaliza a operação e peça ao cliente a confirmação dos dados gerais. Se não funcionar, você terá perdido apenas o tempo de preenchimento e o papel; como costuma funcionar na maioria dos casos, é bom que você use esse recurso.

Sua avaliação: aplicabilidade desta técnica (dar uma nota) 1.2.3.4.5.6.7.8.9.10

TÉCNICA 14 – NÃO SE ESQUEÇA DA ABORDAGEM ULTRAS-SIMPLES

Solicitar o pedido. Esta é a técnica mais simples, mais elementar... e que funciona! Peça ao cliente que se decida por aquilo que esteja oferecendo.

Sua avaliação: aplicabilidade desta técnica (dar uma nota) 1.2.3.4.5.6.7.8.9.10

102 Técnicas de Negociação • Zenaro

TÉCNICA 15 – FAÇA O REFORÇO DOS CASOS DE SUCESSO

Relate os casos que conheça cuja semelhança com a situação do cliente seja bem clara. Mostre como, nos casos de exemplo, foi possível um ganho para os clientes de então. As pessoas de maneira geral gostam de saber que estão trilhando o mesmo caminho daquelas outras que se notabilizaram pelo sucesso.

Sua avaliação: aplicabilidade desta técnica (dar uma nota) 1.2.3.4.5.6.7.8.9.10

TÉCNICA 16 – PENSE NA IMPORTÂNCIA DE UM FECHAMENTO EFICAZ

Ao dar início a todas as entrevistas de vendas, tenha em sua mente a certeza de que os seus recursos para o fechamento das operações são eficazes. Aposte neles. Mentalize o seu sucesso. Pratique-os e verificará o quanto são potentes.

Sua avaliação: aplicabilidade desta técnica (dar uma nota) 1.2.3.4.5.6.7.8.9.10

TÉCNICA 17 – FOCALIZE A OBJEÇÃO POR TRÁS DA OBJEÇÃO

Não raras vezes, o cliente apresenta uma objeção mascarando outra que, por qualquer motivo, não quer verbalizar. Se lhe parecer estranha uma objeção do cliente ou se ele voltar a apresentar uma objeção já contornada por você, certamente é o caso de uma objeção subjacente. Trate, pois, de perguntar ao cliente o que REALMENTE está deixando-o inseguro ou em dúvida. Essa é a única maneira de se obter o que possa ter "travado" o fechamento, para que você possa apresentar a argumentação cabível.

Sua avaliação: aplicabilidade desta técnica (dar uma nota) 1.2.3.4.5.6.7.8.9.10

TÉCNICA 18 – OBTENHA A CONCORDÂNCIA DO CLIENTE

A cada argumento que apresentar, procure obter do cliente a sua concordância. As respostas afirmativas parciais são um caminho promissor para a resposta afirmativa definitiva: o fechamento de uma operação de venda.

Sua avaliação: aplicabilidade desta técnica (dar uma nota) 1.2.3.4.5.6.7.8.9.10

TÉCNICA 19 – INFLUENCIE A DISPOSIÇÃO DO CLIENTE

O fechamento de uma operação de venda é um esforço racional de influência. Assim, procure a cada palavra que emitir, a cada argumento que apresentar, a cada objeção que vier a contornar, exercer uma ação de influência positiva e consistente.

Sua avaliação: aplicabilidade desta técnica (dar uma nota) 1.2.3.4.5.6.7.8.9.10

TÉCNICA 20 – CONSIDERE O FECHAMENTO COMO UMA CONSEQUÊNCIA

A regra é simples: você só concluirá positivamente uma apresentação de venda se entender que o fechamento é a consequência e não o objetivo da venda. O objetivo é a conclusão de um bom negócio para a sua empresa, enquanto o fechamento é uma espécie de "última porta" a ser transposta nesse sentido.

Sua avaliação: aplicabilidade desta técnica (dar uma nota) 1.2.3.4.5.6.7.8.9.10

TÉCNICA 21 – APONTE A RAZÃO MUITO ESPECIAL PARA FECHAR

Há algo de maior pairando no ar que influencie os negócios de que esteja tratando no momento? Condições de mercado especiais, por exemplo? Uma oportunidade singular? Um ganho de monta expressiva? Se houver, TRATE DE DESTACAR ISSO PARA O CLIENTE em linguagem clara, objetiva e contundente!

Sua avaliação: aplicabilidade desta técnica (dar uma nota) 1.2.3.4.5.6.7.8.9.10

104 Técnicas de Negociação • Zenaro

TÉCNICA 22 – APRESENTE PROVAS DOCUMENTADAS

Tudo serve: recortes de jornais e de revistas especializadas por um lado e, por outro, citações variadas ao seu negócio e à sua empresa. Também é válida a apresentação de gráficos e estatísticas, assim como de estudos e pareceres assinados por especialistas. O que você dispuser para sustentar a sua argumentação é valioso e deve ser utilizado sem restrições.

Sua avaliação: aplicabilidade desta técnica (dar uma nota) 1.2.3.4.5.6.7.8.9.10

TÉCNICA 23 – DEIXE O CLIENTE SENTIR O SABOR DOCE

A cada argumento que apresentar, deixe que o cliente experimente a sua "textura" e "sabor doce". Em outras palavras, o cliente precisa construir na sua mente as perspectivas de ganho com base no que você esteja oferecendo. Não tenha muita pressa, nem impeça que o cliente processe cada informação na mente.

Sua avaliação: aplicabilidade desta técnica (dar uma nota) 1.2.3.4.5.6.7.8.9.10

TÉCNICA 24 – USE A PSICOLOGIA SEMPRE QUE PUDER

Quando seus argumentos técnicos começarem a mostrar que se exaurem, sem um retorno positivo, apele para vender para a pessoa do cliente, cuidando de elaborar e apresentar apelos de vendas centrados em elementos como "segurança", "satisfação", "prestígio", "ganhos de poder e de *status*".

Sua avaliação: aplicabilidade desta técnica (dar uma nota) 1.2.3.4.5.6.7.8.9.10

TÉCNICA 25 – TRANSFORME O NEGATIVO EM POSITIVO

Procure identificar em algum aspecto negativo do seu produto ou serviço pelo menos UM elemento positivo e descreva-o para o cliente. Este é o chamado "recurso extremo", do tipo de se trans-

Negociação: Estratégias e Táticas **105**

formar "um limão ácido em uma limonada doce", como fala a sabedoria popular.

Sua avaliação: aplicabilidade desta técnica (dar uma nota) 1.2.3.4.5.6.7.8.9.10

TÉCNICA 26 – GUARDE AS PEQUENAS COISAS PARA FECHAR

Trata-se do caso de utilizar as próprias opiniões do cliente para induzir o fechamento. Repita as palavras de aceitação e de concordância do cliente frente ao seu produto ou serviço, reiterando: "...como o senhor mesmo disse...". Nessa oportunidade, você estará ativando elegantemente a inteligência e as percepções do seu cliente em direção ao fechamento.

Sua avaliação: aplicabilidade desta técnica (dar uma nota) 1.2.3.4.5.6.7.8.9.10

TÉCNICA 27 – PROCURE A DECISÃO INVOLUNTÁRIA DE FECHAR

Quando o cliente estiver em dúvida quanto ao seu produto ou serviço, hesitando dizer o esperado "sim", use o condicional na sua argumentação como, por exemplo: "Não seria melhor que o senhor dispusesse destes recursos apenas em curto prazo?"

Sua avaliação: aplicabilidade desta técnica (dar uma nota) 1.2.3.4.5.6.7.8.9.10

TÉCNICA 28 – TENHA CERTEZA QUE CONQUISTOU O FECHAMENTO

Você estará em má situação se não tiver identificado as necessidades e os problemas dos quais depende a sua operação de venda. Trate, pois, de ter tudo isso em mente ANTES de dar início à entrevista de venda com o seu cliente.

Sua avaliação: aplicabilidade desta técnica (dar uma nota) 1.2.3.4.5.6.7.8.9.10

TÉCNICA 29 – CRIE UMA AÇÃO, SE HOUVER NECESSIDADE

Monte e apresente ao cliente um cenário em que ele seja enfocado como muito beneficiado com a operação que esteja oferecendo para ele. Ajude-o a visualizar o ganho, a vantagem positiva, o reforço das suas posições e "navegue" com ele por esse cenário. Na verdade, você estará fazendo o mesmo que o famoso *"test drive"*, que ajuda a vender milhões de veículos no mundo todo.

Sua avaliação: aplicabilidade desta técnica (dar uma nota) 1.2.3.4.5.6.7.8.9.10

TÉCNICA 30 – SEJA FIRME QUANTO AOS NÚMEROS DA OPERAÇÃO

Quando estiver citando números, faça-o com firmeza. Nada é mais indutor ao fechamento que a linguagem numérica, sobretudo se esses números forem atraentes e sedutores.

Sua avaliação: aplicabilidade desta técnica (dar uma nota) 1.2.3.4.5.6.7.8.9.10

3.3 Sou ou não um bom negociador: teste autodiagnóstico

Instruções: para tornar a experiência mais válida, solicite a outra(s) pessoa(s) que responda(m) o mesmo questionário relativamente a você. As respostas devem refletir ações e comportamentos efetivos e não apenas intenções.

Responda o questionário a seguir utilizando os critérios abaixo:

(1) FREQUENTEMENTE   (2) ÀS VEZES   (3) RARAMENTE

(   ) 1. Durante as negociações, você busca suas ideias no "melhor momento"?

(   ) 2. Você procura também ver os interesses e necessidades do outro lado?

( ) 3. Antes de iniciar a negociação, você costuma estabelecer sua "margem de concessão"?

( ) 4. Durante a negociação, você ouve mais do que fala?

( ) 5. Após apresentar cada uma de suas ideias, você procura certificar-se de que a outra parte entendeu e/ou aceitou?

( ) 6. Você procura conhecer preliminarmente alguma coisa do comportamento da pessoa com quem vai negociar? Forças, fraquezas?

( ) 7. Durante a negociação, você focaliza predominantemente as forças (aspectos positivos) do outro negociador?

( ) 8. Por melhor que seja sua posição ou situação, você procura deixar uma "saída honrosa" para o outro negociador?

( ) 9. Ao apresentar suas ideias, você costuma relacioná-las aos interesses e expectativas da outra parte?

( ) 10. Você costuma negociar com objetivos amplos (em oposição a ter apenas um único e específico intuito durante toda a negociação)?

( ) 11. Caso o outro negociador não apresente dúvidas sobre sua proposição, você costuma tomar a iniciativa de fazê-lo, pois tem consciência de que mais tarde essas dúvidas poderão prejudicar o fechamento do negócio?

( ) 12. Você costuma cumprir "à risca", "ao pé da letra", suas promessas? Respeita prazos?

( ) 13. Nos seus contatos com pessoas, você diz o que pensa sem maiores preocupações em agradar à outra parte (em posição a "dourar a pílula")?

( ) 14. Você consegue conviver (não necessariamente concordar, mas aceitar) com pessoas que pensam e se comportem de maneira diferente de você?

( ) 15. Se você possui informações relevantes para o andamento da negociação (não confidenciais), reparte-as com a pessoa com quem está negociando?

( ) 16. Você costuma ver qualquer mudança ou situação nova como uma oportunidade para se desenvolver, crescer mais (em oposição a ver a mudança como algo ameaçador)?

( ) 17. Depois de expor toda a sua argumentação, você costuma puxar, solicitar (sem pressão) a decisão da outra parte?

( ) 18. Você evita colocar contra a parede o outro negociador, pressionando-o, "forçando a barra"?

( ) 19. Você inicia a negociação com a possibilidade de que seus pontos de vista não prevaleçam (você não quer perder, mas admite perder)?

( ) 20. Você consegue transformar uma situação adversa em oportunidade para novos negócios, serviços ou ideias?

( ) 21. Você convive com situações de tensão (longas ou curtas), sem alterar significativamente seu comportamento e suas táticas como negociador?

( ) 22. Você, antes de apresentar qualquer argumentação, procura se colocar no lugar do outro negociador, imaginando possíveis objeções ou falhas na sua proposição?

( ) 23. As ideias apresentadas por você são objeto de análise prévia quanto a possíveis resultados e consequências (para você e para sua organização)?

( ) 24. Seu comportamento durante a negociação costuma levar em conta o fato de que no futuro você poderá voltar a negociar com a mesma pessoa?

( ) 25. Ao negociar com um subordinado e/ou situação em que você tenha qualquer tipo de ascendência sobre o outro negociador, você costuma tratar a outra parte em termos iguais, evitando evidenciar essa superioridade?

( ) 26. Durante a negociação, sua preocupação é a de esgotar as fontes de fatos e informações sobre o tópico em questão, antes de emitir qualquer opinião ou avaliação?

( ) 27. Você procura fazer ao negociador perguntas que demandam respostas além do simples SIM ou NÃO?

( ) 28. Durante a negociação, você espera a outra parte terminar a argumentação para então iniciar sua resposta?

( ) 29. Você transmite à outra parte profunda convicção sobre suas ideias ou propósitos (a certeza de que aquilo que você propõe é bom e útil para ambos)?

( ) 30. Você procura negociar em todas as suas áreas de atuação (trabalho, lazer, família etc.), em oposição a negociar apenas em uma delas (trabalho, por exemplo) e nas outras partir para a imposição da hierarquia ou qualquer outro método que coloque a outra parte em posição desigual em relação a você)?

INTERPRETAÇÃO

Atribuir 3 pontos para cada resposta FREQUENTEMENTE

Atribuir 2 pontos para cada resposta ÀS VEZES

Atribuir 1 ponto para cada resposta RARAMENTE

	X 3 / _____	
Nº DE RESPOSTAS	X 2 / _____	
	X 1 / _____	
SOMAR O TOTAL	_____	
PONTOS OBTIDOS	_____	

PONTOS OBTIDOS

Entre 90 e 71 – você é um excelente negociador, procura ver no processo onde e como os dois lados podem vencer. Preocupa-se com o outro lado, inspira confiança, é flexível. Mas não se esqueça de que sempre é possível melhorar, especialmente nos itens que merecem respostas "ÀS VEZES" ou "RARAMENTE".

Entre 70 e 50 – você é um negociador razoável; às vezes deseja vencer a qualquer custo, não se preocupando muito com as expectativas e necessidades da outra parte; nem sempre inspira confiança e sua flexibilidade é média. Ainda há muito o que melhorar, especialmente nos itens que receberam respostas "ÀS VEZES" ou "RARAMENTE".

Entre 49 e 30 – você realmente precisa mudar seus métodos e comportamento na negociação. Eles não lhe estão ajudando a alcançar seus objetivos. Você raramente admite que seus pontos de vista não prevaleçam e deixa isso claro à outra parte. As expectativas e necessidades do outro negociador não lhe interessam. Você se relaciona com os outros na defensiva e eles não o veem como alguém confiável.

3.4 Negociação para a gestão de conflitos

Em negociação, é importante entendermos que existem conflitos. Esses conflitos podem ser de interesses, necessidades ou opiniões. Um conflito surge quando uma das partes percebe divergências, conforme aquilo que planejou ou imaginou no panorama negocial. As crenças de que suas necessidades ou interesses divergentes da contraparte não serão atendidos, leva ao conflito. Este conflito poderá levar ao abandono da mesa de negociação, quando há a crença de que não haverá um acordo satisfatório entre os envolvidos.

Pode-se encarar o conflito de forma negativista, ou seja, quando realmente não se acredita em um possível acordo dentro do panorama apresentado, e assim a negociação estará prejudicada, podendo inclusive ser abortada.

Outra forma é a positivista. Uma maneira positiva de encarar o conflito é quando a contraparte oferece insumos e uma forma de comunicação amistosa, na tentativa de desarmar ou mesmo ajudar a estabelecer as necessidades e benefícios em comum para ambos. Particularmente eu acho muito interessante que exista sempre algum tipo de disputa ou conflito, tendo em vista que isso sempre deixa claro as possíveis objeções existentes entre as partes. Uma maneira eficaz e efetiva de fechar uma negociação é quando se superam as objeções, ou seja, quando se contornam de forma satisfatória as contrariedades e dúvidas entre as partes. Só assim é possível ter certeza de que houve acordo de fato.

Uma objeção pode apontar um conflito de interesses, opinião ou mesmo de necessidades que, sendo elucidado e contornado de forma criativa e inteligente, garante maior certeza de que o sucesso da negociação foi alcançado.

Os conflitos por objeções podem ser interpretados de acordo com a habilidade do negociador. Uma objeção muito comum é a do tipo: "achei que o preço estivesse mais em conta"; ou então: "vou pensar melhor, acho que este não é o momento mais adequado". Se você desistir logo na primeira objeção da contraparte que está negociando com você, não creio que tenha sucesso nos negócios. Pense: se estivéssemos preparados para casar, ter filhos ou para mudar de emprego, isso não seria nada incomum. Seriam decisões fáceis, e nenhum esforço seria empreendido no sentido de conhecer de fato as circunstâncias. Então, estude, conheça os pontos fortes e fracos do seu interlocutor, suas necessidades e desejos, seus objetivos, e estabeleça um panorama ideal pensando no sucesso do negócio. Estude também o produto ou serviço (objetos da negociação), ramo de atividade, cenários econômicos, culturais, tecnológicos etc., para que tenha argumentos suficientes no momento da negociação.

Decisões importantes não podem ser tomadas sem conhecimento, e muito menos deve-se abandonar a negociação por causa de divergências. Divergências e conflitos são desejáveis, por conta de tirá-lo da sua zona de conforto (suas táticas) e exigir esforços extras. Isso é competitividade.

Por isso, não é surpresa constatar que muitas disputas estejam sendo resolvidas fora da esfera judicial e que cada vez mais empresas estejam recorrendo a meios alternativos para resolução de conflitos. Os principais meios alternativos são a negociação, tema deste livro já elucidado desde o Capítulo 1, a mediação e a arbitragem.

Negociação é um processo voluntário e informal, em que as partes identificam seus problemas, exploram opções e buscam um acordo mutuamente aceitável. Não há participação de terceiro, as próprias pessoas em conflito buscam, por elas mesmas, a resolução do problema. Pode haver ou não a participação de representantes.

Mediação difere da negociação por envolver um terceiro, o mediador, que tem de ser neutro com relação às partes em conflito. O mediador não tem autoridade para impor um acordo e nem deve se interessar em "fazer justiça". Visa identificar os diferentes interesses e prioridades das partes e sugerir uma composição criativa e satisfatória para resolver a disputa. A mediação é mais que uma conciliação, termo normalmente empregado quando o acordo busca simplesmente obter concessões das partes. No processo de mediação existe a preocupação de (re)criar vínculos entre as pessoas, estabelecer pontes de comunicação, transformar e prevenir conflitos.

Arbitragem é um processo em que as partes concordam previamente em atribuir a um ou mais árbitros o poder de decidir sobre a disputa. Comparada com o sistema judicial tradicional, a arbitragem é menos formal e pode ser concluída mais rapidamente.

3.4.1 Como superar barreiras e conflitos

Para vários especialistas em negociação, quatro são as barreiras principais que refletem perspectivas teóricas a respeito da negociação e da solução de conflitos.

A primeira é uma barreira estratégica, que se relaciona com um dilema subjacente, inerente ao processo de negociação. Toda negociação se caracteriza por uma tensão entre: descobrir os interesses compartilhados e maximizar os resultados conjuntos; e maximizar o resultado próprio (que, quando mais para um lado, significa menos para o outro). Claramente esta perspectiva estratégica se dá em um caso típico de negociação "ganha-perde".

A segunda barreira surge como resultado do problema de que, em muitas disputas, os titulares não negociam por si mesmos

Negociação: Estratégias e Táticas **113**

e, em troca, atuam por meio de agentes que podem ter incentivos diferentes de seus titulares.

A terceira barreira é cognitiva e se relaciona com o modo como a mente humana processa informações, especialmente ao avaliar riscos e incertezas. A exposição sobre esse tema se baseia em trabalhos de psicologia cognitiva. Reforçando essa tese, existem os estudos sobre aprendizagem e desenvolvimento humano, em que a repetição de eventos como técnica de aprendizagem torna-se familiar e o aperfeiçoamento das habilidades do negociador acontece em consequência disso.

A quarta e última barreira, a desvalorização reativa, se baseia na investigação da psicologia social e se refere ao feito de que o regateio é um processo interativo social no qual cada parte está constantemente fazendo inferências acerca da intenção, dos motivos e da boa-fé da outra.

O conceito de barreiras provê uma posição vantajosa, útil e necessariamente interdisciplinar para explorar o porquê de muitas vezes as negociações falharem. De acordo com os estudiosos da arte da negociação, algumas dicas são importantes para superar as principais barreiras nas negociações. Vamos estudá-las:

1. a serenidade;

2. habilidade para ouvir;

3. focalizar os interesses;

4. criar opções;

5. ser justo e utilizar critérios objetivos;

6. ser um estrategista;

7. ser diplomático;

> 1. A serenidade – para uma negociação eficiente, o primeiro passo é ter serenidade. É preciso pensar, analisar cada etapa do processo. Ter calma para tomar uma decisão. É

uma tendência natural que o ser humano reaja sem pensar quando está em um ambiente sob pressão. Por isso, tenha a habilidade de um filósofo. Conte até dez. "Esta é uma forma de se ganhar tempo."

2. Habilidade para ouvir – grandes negociadores são conhecidos pelo poder de convencer os outros. Esta é apenas uma de suas virtudes. A maior delas, talvez, seja a de ouvir. Pois é dessa forma que se conseguem informações suficientes para avaliar uma situação e conseguir transformar conflitos ou problemas em soluções. Coloque-se do lado de lá, o que não é fácil. Veja quais são as necessidades de seu cliente, ouça o que ele tem a dizer e avalie. Demonstre respeito sempre.

3. Focalizar os interesses – quando surge um impasse, é fundamental que o negociador descubra os reais motivos de o outro lado criar problemas para se chegar a um acordo. Existem outros interesses além do dinheiro? Quando se tem a resposta, descobre-se uma forma de você ajudar a parceria. O passo seguinte é buscar uma solução criativa, que surpreenda, para que a pergunta mude para "por que não".

4. Criar opções – vença os pessimistas, aqueles que gritam "não vai dar certo" ao anúncio de uma ideia nova, pois as grandes invenções saíram de opções consideradas malucas em um primeiro momento. Para oferecer um leque de opções para uma negociação, crie primeiro, só depois questione, a si mesmo, se há riscos.

5. Ser justo e utilizar critérios objetivos – nunca, em uma negociação, transpareça que você não foi justo em sua decisão. E é preciso critérios para ser justo, como respeitar valor de mercado, precedentes, igualdade de tratamento

ou julgamento científico. Encontrar uma solução justa é questão de sobrevivência.

6. Ser um estrategista – é importante ter caminhos alternativos e até uma saída da negociação, se for o caso. É um erro rejeitar a ideia de que um negócio pode não dar certo. Por isso, esteja sempre preparado para situações adversas e tenha em mãos outras oportunidades. Quando uma equipe sabe que há novas possibilidades, ela parte mais segura para uma negociação. Por isso, é importante formular suas estratégias, ou seja, melhor alternativa para um acordo.

7. Ser diplomático – quase dá para dizer que esta última regra vale por todas as demais. Ser diplomático é ser um bom negociador. Se há um impasse, use a lupa de detetive e busque a sua causa. Com diplomacia, atende-se às necessidades mútuas e se estabelece uma relação de longo prazo.

William Ury (1999) sugere cinco passos básicos para compor a estratégia de derrubar barreiras ou superá-las. Para obter sucesso, é preciso superar e contornar as barreiras à cooperação, que são: as emoções negativas da outra parte; hábitos de negociação; o ceticismo quanto às vantagens do acordo; o poder que a contraparte demonstra possuir; e, por fim, as possíveis reações.

O primeiro passo é controlar seu próprio comportamento. Em vez de reagir, é preciso recuperar o equilíbrio mental (emocional) e se manter concentrado em conseguir o que se almeja. O primeiro desafio é: não reagir.

No segundo passo, é preciso ajudar o oponente a recuperar o equilíbrio mental. É necessário arrefecer as emoções negativas, tais como medo, desconfiança, defesa e hostilidade. Há que se romper a resistência dele e fazer com que ele ouça o que se tem a dizer. O segundo desafio é: desarmar seu oponente.

116 Técnicas de Negociação • Zenaro

Como terceiro passo, tendo criado um clima de negociação favorável, o negociador deve fazer com que seu oponente pare de defender posições e comece a procurar um meio de satisfazer os interesses de ambos os lados. É preciso transpor as muralhas, desviar-se dos seus ataques e neutralizar seus truques. O terceiro desafio é: mudar o jogo.

No quarto passo, tendo envolvido o oponente na negociação para a solução de problemas, é necessário vencer o ceticismo dele e conduzi-lo a um acordo mutuamente satisfatório. É preciso transpor o vão que existe entre os interesses de ambos. É preciso ajudá-lo a salvar as aparências e fazer com que o resultado pareça ser uma vitória para ele. O quarto desafio é: facilitar o sim.

No quinto passo, quando o oponente talvez pense que ainda pode fazer prevalecer sua vontade por se sentir mais forte, é hora de identificar o poder de negociação e usá-lo para trazer o oponente até a mesa. Isso deve ser feito de modo a não fazer do oponente um inimigo mais resistente ainda. O quinto desafio é: dificultar o não.

A estratégia de derrubar barreiras exige resistência às tentações humanas normais e que se faça o contrário do que normalmente se faria. A cada volta, a estratégia requer escolha do caminho indireto. Derrubar as barreiras, contornando a resistência do oponente, se aproximar pelo lado, agir de forma diferente do esperado. O fundamental na estratégia é tratar o oponente com respeito, não como um objeto a ser empurrado, mas como uma pessoa a ser persuadida.

Em vez de tentar fazê-lo mudar de ideia por pressão direta, muda-se o ambiente de tomada de decisões. Que tire suas próprias conclusões e faça sua escolha. O objetivo não é vencê-lo, é conquistá-lo.

3.4.2 Como conhecer e agir com seu oponente

Além das dicas e sugestões anteriores, pode-se também tratar as contrariedades, objeções ou conflitos, estudando as verdadeiras causas disso. Muitos estudiosos da negociação afirmam que um bom negociador sabe que precisa preparar-se antes de apresen-

Negociação: Estratégias e Táticas **117**

tar sua proposta, especialmente prevendo possíveis cenários ruins, possíveis ameaças da contraparte, e até mesmo o abandono da mesa de negociação. Para tal, é preciso preocupar-se em:

1. Pesquisar para conhecer o panorama negocial e a situação

Ninguém vai a uma batalha sem conhecer seu adversário, isso funciona nos jogos, no dia a dia ou na guerra, já que a estratégia primeiramente foi utilizada para fins militares. É a fase inicial que muitos dos negociadores deixam de lado. A busca de informações é extremamente importante para se conhecer o objeto de negociação, bem como seu ambiente e as questões envolvidas. Esta etapa consiste principalmente na busca por conhecimento, como, por exemplo: o estudo da organização envolvida, o histórico das negociações semelhantes anteriores, a verificação do poder que seu parceiro de negociação possui em sua organização ou mesmo no meio em que está inserido.

Esta fase inicial também compreende o planejamento. O êxito de uma negociação depende de um planejamento bem elaborado. Para tanto, há a necessidade de examinar interesses e definir metas, bem como identificar quais serão os interesses e objetivos do outro, através da coleta de informações necessárias, com o intuito de prever possíveis impasses e buscar a maneira de evitá-los e superá-los.

Efetivamente devem-se programar as apresentações na mesa de negociação. Através do planejamento, ainda, pode-se ter uma visão geral da situação para então definir os assuntos a serem abordados, no intuito de estabelecer as prioridades. Não se deve, entretanto, deixar de lado a criação de um ambiente favorável à negociação, a fim de reduzir eventuais tensões, para facilitar a busca do consenso e da cooperação.

2. Conhecer ou preparar-se para resistências por parte do outro

Há que se considerar que em uma negociação pode haver resistência por parte do outro negociador. A resistência existe até mesmo para caracterizar a importância relativa da negociação. Se o seu oponente não apresentar certa resistência, você deve verificar qual a real importância do objeto que está sendo negociado. De qualquer forma, é importante se preparar para negociação e conflito, enfrentar a resistência, buscando formas de quebrá-la. Isto é alcançado ao assumir posições, buscando sempre ter um ponto de vista lógico, debatendo e argumentando seus motivos. É importante também ser compreensivo com o outro negociador, e isso se dá através do conhecimento profundo do mesmo e do objeto da negociação.

3. Preparar e testar as estratégias

Você sempre deve elaborar estratégias de negociação, antes mesmo de partir para o processo em si. Entretanto, novos fatores podem surgir durante o processo e você deve estar preparado para enfrentá-los, inclusive reavaliando as estratégias previamente estabelecidas. É possível trabalhar a reformulação de estratégias a partir da introdução de dados novos, da redefinição de algumas questões, mas principalmente através da efetiva reavaliação das estratégias originais.

4. Concentrar-se na negociação

Todo negociador deve concentrar seus esforços nas reais necessidades das partes envolvidas no processo, sem perder o foco do negócio em si. Quando uma discussão está difícil, o objetivo maior é buscar o real motivo do que se está negociando. Esse é o momento exato para se tomar decisões com base efetiva na busca de resultados recíprocos: ganha-ganha, ou seja, devem-se criar alternativas de ganho mútuo perguntando-se o que a outra parte pode ganhar com a negociação.

É extremamente importante, tanto nas discussões quanto na tomada de decisões, explorar e compreender todas as variáveis e superar impasses existentes.

5. Ratificar o acordo

Aqui está o momento de traçar todos os detalhes da negociação e garantir a compreensão dos mesmos por todos os envolvidos. Os negociadores ratificam o acordo com suas organizações. Dessa forma, são fatores que envolvem o acordo:

✓ busca e confirmação dos pontos de entendimento;

✓ revisão de todo o processo de negociação, a fim de garantir a compreensão mútua do que foi acordado;

✓ revisar e redigir o acordo;

✓ recapitular os benefícios mútuos alcançados com a negociação.

6. Acompanhar, preocupar-se com a efetividade dos acordos

Esta etapa é primordial para o alcance do sucesso de uma próxima negociação e muitas vezes ela é esquecida. Logo após o acordo ser firmado, é necessário manter um bom relacionamento com seu oponente, enfatizando que a sua tomada de decisão foi acertada e que ambos fizeram bons negócios. Enfatizar um relacionamento é também chave para o sucesso de uma negociação.

Dessa forma, o seguimento consiste em supervisionar a implementação do acordo negociado e destacar realmente que você acaba de fazer um bom negócio.

Muitos estudiosos do comportamento humano têm caracterizado (descrito) as pessoas em uma negociação. O processo de identificação de oponentes, por sua vez, mistura-se às características já citadas anteriormente que um negociador deve possuir, entretanto, todos os especialistas admitem que é importante acompanhar o que foi negociado, se de fato está sendo ou foi implementado como combinado.

3.4.3 Tipos humanos reconhecidos em conflitos

Martinelli e Almeida (1998) oferecem ainda uma reflexão sobre tipos humanos em negociação que contribui muito com o tema em questão, conforme a seguir observa-se:

EFETIVO:

- O decidido;
- O rápido;
- O focado em seus objetivos;
- O exigente;
- O crítico.

Um negociador com essas características, além de ser extremamente franco, pode apresentar dificuldades de conviver com as diferenças entre as pessoas. Há também que se considerar que ele, em uma mesa de negociações tensa, possa vir a se impor perante os outros.

Como negociar com efetivo

Para ter sucesso em uma negociação com um efetivo, seja direto, sem rodeios e busque otimizar seu tempo, focando nos resultados a serem atingidos na negociação. Mostre-se eficiente e valorize-o sempre que for possível, enfatizando suas qualidades.

ANALÍTICO

O analítico geralmente apresenta-se como o mais organizado e paciente. Entretanto, pode ser visto como uma pessoa indecisa e meticulosa, isso porque ele é o mais racional dos perfis aqui detalhados. Busca sempre a especialização e a informação, entretanto não toma decisões muito rápidas, a fim de não se arriscar além de seu limite de segurança.

Como negociar com analítico

Para negociar com um analítico, utilize dados, mostre resultados de pesquisas fazendo-o convencer-se que o que você propõe tem embasamento. Além disso, não esqueça de oferecer alternativas para que ele possa analisar e ainda não force a tomada de decisão para o momento. Não esqueça que ele precisa se sentir seguro além de necessitar de tempo para análise.

RELATIVO

O perfil do negociador relativo valoriza a atenção que recebe das pessoas, procurando sempre a harmonia e enfatizando as amizades. Por ser o mais prestativo de todos, é também um bom ouvinte, entretanto algumas vezes pode ser dissimulado. Para alguns, o perfil do relativo é o de evitar qualquer conflito. Para melhorar sua condição muitas vezes de ineficiente, é importante que ele determine claramente os objetivos, porque:

O facilita as relações entre os membros dos grupos de negociação;

O estabelece boas relações com as partes;

O é sensível às reações dos negociadores;

O examina as fraquezas do oponente.

O relativo é o tipo mais caloroso de negociador. Sempre simpático, paciente e otimista. Entretanto, muitas vezes sob tensão, não se manifesta ou finge concordar.

Como negociar com relativo

Para trabalhar diretamente com o perfil do relativo, valorize e tenha um bom relacionamento, pois ele aceita bem as diferenças individuais. Com isso, explore a negociação através da satisfação dos demais, estabelecendo assistência e apoio no que for necessário, sem deixar de lado os aspectos referentes ao interesse grupal.

Em todos os casos, não se esqueça destes três princípios:

1. Ética – constitui o conjunto de valores, na maioria construtivos, que a pessoa possui desde a sua formação, como o respeito ao oponente e ao objeto da negociação, a integridade e o senso de justiça e responsabilidade.

2. Empatia – essa é uma característica que, além de ser nata em muitas pessoas, pode-se desenvolver ao longo do tempo, pois abrange a paciência, a flexibilidade e a capacidade de lidar com as diferenças.

3. Inteligência racional – a educação formal, a capacidade de preparação e de busca contínua por aperfeiçoamento resulta na inteligência racional, adquirida pelo negociador.

Martinelli e Almeida (1998) também sugerem dicas para administrar conflitos ou situações de divergência. De acordo com os autores, conflitos acontecem quando há diferentes interpretações sobre um mesmo problema. Isso é muito comum, pois quase todas as pessoas têm percepções distorcidas de como as coisas realmente são. Em pequenas empresas, onde o convívio é mais intenso, esses conflitos são ainda mais comuns.

3.4.4 Como agir em conflitos

Quem impõe pontos de vista de maneira intransigente costuma gerar discussões com outros colaboradores, clientes e fornecedores. Os autores apontam cinco dicas para o empreendedor ou líder minimizar conflitos entre os membros de sua equipe:

1. **Seja empático**

Empatia é a habilidade de se colocar no lugar da outra pessoa. Ela nos ajuda a compreender as razões, por mais estranhas que pareçam, que levam alguém a tomar decisões que jamais tomaríamos.

2. Ouça os dois lados

Para ser justo, é fundamental que o líder entenda os pontos de vista conflitantes entre as pessoas envolvidas antes de tomar qualquer decisão, ou provavelmente tomará a decisão errada.

3. Tenha uma postura racional

Não se contamine emocionalmente quando houver discussões mais ríspidas. Mantenha a negociação no plano racional. As pessoas tendem a respeitar quem mantém o autocontrole.

4. Estimule o diálogo

Procure fazer com que as partes apresentem seus argumentos de maneira serena e de preferência embasadas em dados mensuráveis, de forma que as informações dos dois lados possam ser aproveitadas em uma proposta intermediária. Números são bons aliados como argumento.

5. Não se omita

Muitas vezes, o líder se retira antes de resolver o conflito. Se depois de tudo isso o impasse persistir, decida você. Às vezes, é preciso tomar partido de uma das posições e encerrar o problema, deixando claro quais os critérios levados em consideração para decidir.

Seguindo esses cinco passos, com o passar do tempo, as pessoas perceberão que, com você no comando, a negociação equilibrada sempre será o melhor caminho e os conflitos em sua empresa diminuirão muito.

William Ury (2007) apresenta uma série de conceitos para aprimoramento dos negociadores, especialmente voltados ao gerenciamento de conflitos. O autor afirma que é primordial concentrarmo-nos naquilo que está sendo negociado – direta ou indiretamente. Avaliamos os objetivos de ambos os lados e as respectivas alternativas, assim como as concessões a que estaremos dispostos. Procuramos antecipar, ao mesmo tempo, os movimentos do outro lado e a forma como pretendemos responder. Senão, vejamos:

A "varanda" é uma interessante metáfora para o local de onde você contempla a paisagem e consegue ter uma ampla visão do que tem pela frente. De longe, é possível concentrar-se no objeto da negociação e focar seus esforços naquilo que precisará fazer para consegui-lo. É onde você vislumbra o acordo ideal, bem como suas alternativas e as do outro lado. Ury sugere quatro questões que podem ajudar a identificar os fatores mais importantes em jogo numa negociação: (1) qual é a questão? (2) quem são as partes? (3) o que você quer? (4) o que eles querem?

1. Qual é a questão?

Delinear o verdadeiro objeto da negociação não é uma tarefa tão automática quanto parece. Mesmo que ele pareça claro, pode haver outros elementos secundários envolvidos que, apesar de ocultos, assumem importância maior do que aquilo que está efetivamente sobre a mesa.

É muito comum, ainda, que durante a negociação uma das partes – ou ambas – perca o foco e distraia-se com preocupações menos importantes. Como quando, ao tratar do seu novo emprego, você exigir um computador novo em vez de usar aquele do seu antecessor, ou discorda sobre quem vai pagar o frete antes de discutir o preço de um acordo comercial. Os motivos pelos quais você compra não são necessariamente os mesmos pelos quais o outro lado vende, e há que se ter cuidado com isso.

Um exemplo bem ilustrativo é o caso da janela da biblioteca: um leitor a quer aberta enquanto o outro a quer fechada. Mas o primeiro quer ar fresco, enquanto o segundo não quer que suas folhas voem com o vento. Nenhum dos dois se importa efetivamente com a janela, mas com o resultado de ela estar aberta ou fechada, embora a discussão seja em torno do seu estado.

2. Quem são as partes?

Muitas vezes, quem está do outro lado da mesa é apenas um representante da parte interessada e não a própria. Quando você discute um aumento com o seu chefe, ele defende os interesses da empresa antes dos seus próprios. Obedece, portanto, às políticas, normas e procedimentos da organização.

Isso é importante, também, para que você se lembre de separar o indivíduo do problema e não leve as questões para o lado pessoal. Do mesmo modo, você pode estar representando alguém e não deve encarar o assunto como um momento de expressão individual.

Deve-se observar, ainda, outros *stakeholders* e efeitos colaterais que possam estar envolvidos indiretamente. Quando um governo decide dar incentivos fiscais para que uma empresa instale uma fábrica em seus domínios, considera os empregos criados, a economia em seguros-desemprego, os impostos gerados pela própria atividade da companhia e os do posterior aquecimento da economia local, a provável queda nos índices de criminalidade etc.

3. O que você quer?

Se você não sabe o que está negociando, não saberá se conseguiu o que queria ou não, ou se determinado acordo é bom ou não. É importante definir claramente seus objetivos e suas alternativas.

Quando você vai pedir um aumento de salário para o seu chefe, como você ficará se ele não concordar? Você tem um outro emprego esperando? Vai ficar com uma imagem ruim junto a ele? É importante notar que, quanto mais atraente for seu planejamento, mais forte você estará na negociação.

4. O que eles querem?

Os interesses do outro lado normalmente diferem dos seus e vocês não estarão, obrigatoriamente, dividindo um bolo. Uma negociação pode representar a oportunidade para fazerem outro bolo ou aumentarem o já existente.

Mas, quando há desinformação sobre o que cada um dos lados quer, uma negociação simples pode complicar-se desnecessariamente. Além disso, assim como você, o outro lado também tem um planejamento, objetivos, e conhecer isso representa também uma vantagem para você. Seu cliente tem uma alternativa se você não lhe der o desconto pedido? Se você sair da empresa para um emprego melhor, seu chefe – que não lhe deu o aumento – tem quem o substitua? Se você não pagar o "flanelinha", seu carro ficará seguro?

Se você seguir esses conselhos e dicas todas, certamente terá maiores chances de sucesso em seus possíveis impasses e conflitos. Perceba que este livro lhe oferece uma variada gama de informações, que podem ser utilizadas em muitas situações no seu dia a dia. É como nós professores dizemos sempre: "O mapa nós damos a vocês, mas quem dá a partida para utilizá-lo de forma apropriada e conveniente são vocês!"

4

AS SETE ETAPAS: ABORDAGEM PRÁTICA SOBRE NEGOCIAÇÃO

Caro leitor, este capítulo apresenta as várias formas para melhorar a *performance* da negociação pessoal, numa espécie de treinamento indispensável para o pessoal de atendimento ou, como comumente dizemos: pessoal da linha de frente. Eis os passos:

4.1 1ª Etapa: abordagem inicial

Quando o cliente entra na loja, **você** é a pessoa que deve fazê-lo sentir-se entusiasmado por estar ali e à vontade o bastante para ficar e comprar.

A "Chegada" é o momento da venda no qual o cliente entra na loja e a compra começa. Esse é um momento importante, pois as primeiras impressões geralmente determinam quanto tempo o cliente permanece na loja. Se você for a primeira pessoa com quem o cliente tiver contato, estas são suas responsabilidades:

Preste atenção nos clientes que entram ou andam pela sua loja e faça com que eles se sintam bem-vindos, respondendo a qualquer pergunta que fizerem.

1. Ficar atento

Algumas dicas para ficar ligado:

- **Dê uma olhada constantemente em toda a loja,** observando os clientes que estiverem chegando ou que precisarem de ajuda.
- **Mantenha a cabeça erguida;** não fique olhando para baixo.
- Se você estiver ocupado com alguma atividade, **levante a cabeça frequentemente para olhar ao redor.** Sempre que possível, **leve seu trabalho para um local mais acessível** para receber clientes que estiverem chegando.

2. Use o cumprimento

Um cumprimento não precisa ser longo para que o cliente se sinta à vontade. O importante é **o que** diz e **como** diz. Utilize o tom de voz e a linguagem corporal para mostrar ao cliente que ele é bem-vindo e que você está interessado em atendê-lo.

Mesmo que já esteja ocupado com outro cliente, dar um sorriso simpático, um simples "olá" ou um aceno são maneiras que todos da loja podem usar, a qualquer momento, para mostrar aos clientes que são bem-vindos.

Dica: Utilize cumprimento pessoal.

Para ter sucesso neste passo da venda, o segredo é não cumprimentar todos os clientes da mesma forma. Quando você pensa em novas maneiras de cumprimentar os clientes que estejam relacionadas a alguma coisa que eles estejam fazendo ou dizendo, você torna o seu cumprimento muito mais simpático e pessoal. Você também não ficará cansado de dizer sempre a mesma coisa todas as vezes.

Cada pessoa possui características próprias, que devem ser desenvolvidas conforme sua personalidade, para alcançar:

As Sete Etapas: Abordagem Prática sobre Negociação **129**

✪ Naturalidade

✪ Criatividade

✪ Espontaneidade

3. Chame o cliente pelo nome

Chamar o cliente pelo nome é uma forma de você personalizar o seu atendimento.

4. Agradeça a escolha da loja

☺ *"Seja bem-vindo a (Nossa Empresa). Meu nome é...".*

Clientes formam uma impressão inicial muito rapidamente. Sua acolhida mostra que eles são importantes. Também faz com que eles saibam que você é simpático e profissional, e que está orgulhoso de sua loja.

5. Faça uma pergunta aberta

☺ *"O que o traz aqui em nossa loja?"*

Essa pergunta inicial encoraja o cliente a dizer suas necessidades e sua situação. É uma grande oportunidade para descobrir sua necessidade e iniciar uma venda.

6. Faça afirmações verdadeiras

"Você veio à loja certa. Nós temos uma grande variedade de produtos, um dos quais, certamente, vai atender às suas expectativas." Depois que o cliente responder ou falar alguma coisa, desenvolva um clima de confiança, deixando que o cliente reconheça que veio ao lugar certo.

Responda à solicitação inicial

"Deixe-me mostrar-lhe (ou leve-o ao) nosso..."

7. Atenda qualquer necessidade imediata

Responda imediatamente ao que o cliente solicitou.

Geralmente, os sinais que os clientes dão durante esta primeira etapa significam uma dessas três coisas:

✓ **Quero ajuda agora.**

✓ **Não quero ajuda agora.**

✓ **Eu não quero nenhuma ajuda.**

4.2 2ª Etapa: descubra as necessidades – investigue o cliente

Seu trabalho não é só mostrar ou falar sobre os produtos, suas características, mas também criar a melhor solução para a necessidade do produto.

Momento do Cliente   *Papel do Profissional*

RESPOSTAS

1. Explorar a necessidade do cliente.
2. Reconhecer claramente as necessidades do cliente.

1. Explorar a necessidade do cliente

Aqui você faz perguntas para descobrir a situação e necessidades básicas do cliente. Comece fazendo uma ponte para a sua pergunta, dizendo:

"Deixe-me fazer algumas perguntas, assim eu poderei mostrar o produto certo para suas necessidades e assim pode-se decidir qual deles é o melhor para você."

Dicas:

- Para eliminar a adivinhação, faça perguntas abertas iniciadas por O QUE, QUAL, ONDE, COMO, QUANDO...

- Quando usa perguntas abertas, de forma eficaz, ajuda os clientes a esclarecerem suas ideias.

- Tenha a coragem de fazer perguntas que pareçam óbvias.

- Cale-se depois de fazer sua pergunta.

- Se a resposta é evasiva ou insatisfatória, seja persistente, insista!

Evite:

⇨ "Bombardear" os clientes com perguntas. Você poderá confundi-los.

⇨ Perguntas que tenham como respostas unicamente "Sim" ou "Não".

⇨ Fazer perguntas agressivas, a não ser que esteja disposto a comprar briga.

⇨ Perguntas que colocam em dúvida a honestidade do cliente. Essa atitude não tornará o cliente nem mais nem menos honesto.

⇨ Perguntas a qualquer momento. Espere pelo momento certo.

⇨ Perguntar só para mostrar que é inteligente.

A confiança é estabelecida por meio do interesse sincero de suas perguntas e da empatia que você demonstra ao apoiar as respostas de seus clientes.

2. **Reconhecer claramente as necessidades do cliente.**

Sem uma necessidade clara para o uso do produto, será improvável que o cliente compre, ou poderá não estar satisfeito com o produto ou com os serviços oferecidos.

4.3 3ª Etapa: demonstre os produtos e serviços

Vender é fácil quando o cliente diz: "Eu vou levar."

Sem que você tenha que perguntar: "Você quer comprar?"

Este é o momento de colocar em prática o que você aprendeu na etapa anterior. Na investigação, você demonstrou empatia e interesse por seu cliente, descobriu informações importantes e transmitiu confiança. Sabe o que eles querem e por que querem.

Esta etapa é a **parte da venda onde você tem de ser criativo** e ser o verdadeiro profissional que seus clientes esperam que seja. As informações obtidas durante o processo de investigação estão intimamente ligadas a sua demonstração e ganharão importância à medida que avançar nas etapas seguintes da venda.

Os clientes compram por dois motivos: **confiança e valor**. A confiança é estabelecida durante o processo de investigação.

1. **Estabeleça o valor do produto para o cliente**

O valor pode ser definido como o conjunto de benefícios que um cliente obtém ao fazer uma aquisição. *Uma vez que um cliente entende o valor, o preço torna-se menos importante.*

"TUDO É MUITO CARO A MENOS QUE SE AGREGUE UM VALOR."

É por isso que estabelecer um valor é essencial para fazer a venda. Não basta que os clientes simplesmente apreciem o valor do produto ou serviço.

Eles também têm de estar estimulados para comprar

DESPERTAR O DESEJO PELA AQUISIÇÃO DO PRODUTO É SUA TAREFA E ISSO PODE SER FEITO COM UMA GARANTIA DE PRODUTOS E SERVIÇOS CHEIA DE ENTUSIASMO.

2. **Vendendo benefícios**

Clientes não compram características, eles compram benefícios. Profissionais de venda altamente bem-sucedidos escolhem cuidadosamente os pontos a serem valorizados para que possam oferecer ao cliente aquilo que ele deseja comprar. Uma característica é algo que o produto **tem**. Um benefício é algo que a característica **faz** para o cliente.

São características físicas do produto:

- seu desenho ou composição;
- peso;
- tamanho;
- local aonde é encontrado (exposto);
- acessórios etc.

As características representam muito pouco para os clientes, a menos que se transformem em benefícios, como:

- ☺ economia de dinheiro;
- ☺ conforto;
- ☺ durabilidade;
- ☺ qualidade de vida.

134 Técnicas de Negociação • Zenaro

Escolher a característica certa com o benefício adequado é a maneira mais eficaz de personalizar um atendimento. Quando isso é feito com habilidade, você dá ao produto ou serviço uma razão de ser e ao cliente, uma razão para comprar.

Dica da etapa: demonstre os produtos

Há momentos em que você vai precisar **demonstrar** o produto e serviço para ajudar o cliente a escolher o que quer comprar. Os clientes costumam se lembrar mais daquilo que **experimentam** do que aquilo de que você simplesmente descreve: características e benefícios.

Assim, quando demonstrar produtos e serviços, é importante:

Tratá-lo com valor e respeito. Quanto mais souber sobre a mercadoria, mais entusiasmo ficará em relação a ela. Você precisa passar esse entusiasmo para seus clientes. Lembre-se também de manusear a mercadoria com carinho.

Apele para os sentidos. Demonstre as características e benefícios para seus clientes apelando para o maior número possível de sentidos. Por exemplo: faça com que eles experimentem o produto.

As mesmas características e benefícios não são necessariamente importantes para todos os clientes. Assim, lembre-se de, ao falar sobre o produto e o serviço, apontar somente os benefícios que você percebe que atendem às necessidades específicas de cada cliente.

4.4 4ª Etapa: conquiste a venda

Como já vimos anteriormente, para vender eficientemente, bem como para responder às perguntas dos clientes, é fundamental **conhecer o máximo possível de seus produtos.**

O **conhecimento** do produto permite **responder às perguntas** do seu cliente. Durante a sua demonstração, é importante oferecer informações técnicas sobre os produtos e serviços, para que seus clientes percebam seu conhecimento e o vejam como um *"expert"*.

Não bombardeie o cliente com termos técnicos e nunca pense que o conhecimento do produto, sozinho, substitui os benefícios que o cliente precisa ver e sentir.

> USE AS PALAVRAS PARA EXPRESSAR, NÃO PARA IMPRESSIONAR

> CRIAR O DESEJO DE POSSE, MAS A DECISÃO É SEMPRE DO CLIENTE

Momento do Cliente   *Papel do Profissional*

DECISÃO

Criar o desejo de posse

CRIANDO O DESEJO DE POSSE

Criar desejo pela aquisição do produto é sua tarefa, e isso não pode ser feito sem uma DEMONSTRAÇÃO cuidadosamente produzida.

Criar o desejo de posse é uma parte fundamental de qualquer negociação. **Os clientes podem entender o valor de um carro luxuoso, mas não desejam um até que o dirijam.** O mesmo vale para os produtos e serviços que você vende.

Quando os clientes PARTICIPAM, desenvolvem um COMPROMISSO psicológico de adquirir o produto ou serviço. Esse compromisso, por sua vez, estimula a CONFIANÇA do cliente em você,

REALÇA O VALOR aos olhos do cliente e faz AUMENTAR O DE-SEJO DE POSSE.

É difícil dar ao cliente uma razão para comprar quando você mesmo não valoriza muito o produto e deixa transparecer essa atitude negativa. À medida que ficar mais familiarizado com os produtos e adquira maior conhecimento sobre eles, não é difícil que se torne mais exigente e crítico. Não deixe transparecer isso, mantenha-se neutro para ser sensível às necessidades particulares do seu cliente.

Faça com que o cliente se envolva

Um dos principais objetivos de um profissional de vendas é fazer com que o cliente se envolva com o produto ou serviço. Se você está informado de que o produto "X" é compatível com o serviço "Y" exemplifique isso.

Quando o cliente participa da demonstração, desenvolve um compromisso emocional de adquirir o produto. Esse compromisso, por sua vez, faz crescer a confiança do cliente em você, realça o valor do produto e aumenta o desejo de adquiri-lo.

CRIE UM CLIMA DE EXPECTATIVA

Não faz mal nenhum "provocar" os clientes um pouco ao fazê-los esperar para ver o produto enquanto você fala com entusiasmo sobre ele. Por exemplo, pode dizer:

✓ "Eu tenho algo que você simplesmente vai adorar." E comece a descrevê-lo à medida que caminha em direção ao local onde ele está exposto.

✓ "Sabe, nós temos muitas opções, mas esta aqui é realmente especial."

✓ Antes que seu cliente tenha até mesmo visto o produto, o valor já foi despertado.

Mostre produtos que valem ouro

Mostre o produto de maneira descuidada e você vai comunicar sua falta de interesse ao cliente. Segure-o com respeito e você vai aumentar seu valor.

Quanto mais cuidado nós tivermos ao apresentar o produto, mais valor nós criaremos na mente do cliente.

A transição – produtos × necessidades

A transição entre os produtos e necessidades deve despertar no cliente um sentimento de atendimento e satisfação.

✓ *"Com base no que me disse, acho que eu sei o que está procurando. Pensei neste produto, pois..."*

✓ *"Eu tenho algo sob medida para você."*

✓ *"Você veio ao lugar certo. Penso que temos exatamente o que procura."*

Procure demonstrar o produto utilizando palavras GOSTOSAS, que soem bem aos ouvidos do cliente, como:

☺ É maravilhoso	☺ É exclusivo	☺ É jovem
☺ É novidade	☺ É atraente	☺ É original
☺ Faz se sentir bem	☺ É econômico	☺ Versátil
☺ É sofisticado	☺ É prático	☺ Comprovado
☺ É marcante	☺ É confortável	☺ É inédito
☺ É especial	☺ É moderno	

Esses benefícios trazem duas grandes vantagens para você no momento da demonstração:

1. São palavras que influenciam positivamente o subconsciente do cliente, levando-o a dizer "quero levar".

2. Resumem os benefícios específicos de cada produto e, por isso, se encaixam bem em qualquer demonstração.

4.5　5ª etapa: supere as objeções

Contornar objeções do cliente é uma **fase normal em vendas** e ajuda a construir os fundamentos da satisfação do cliente. Não existe esforço adicional para "descobrir" as objeções. Elas sempre são muito claras, pois são "obstáculos" à venda.

Funciona mais ou menos assim:

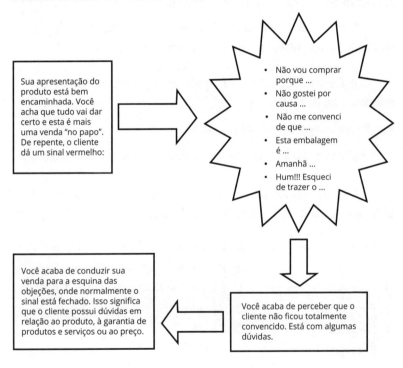

Sua tarefa é tratar as objeções – o que fazer?

No sinal vermelho:

Pare e prepare-se antecipadamente. Conheça todos os tipos de objeções colocadas pelos clientes e estude as alternativas inteligentes que ajudam a contorná-las.

No sinal amarelo:

Esteja atento para detectar se as objeções do clientes são verdadeiras ou meras desculpas, por que ele ainda não se convenceu da compra. Formule perguntas para que o cliente justifique suas objeções. Por exemplo:

➢ O que exatamente não lhe agradou neste produto?

➢ Por que você pensa que ele(a) não irá gostar?

➢ Quanto você imaginou gastar?

➢ Por que você não achou que ele é prático?

No sinal verde:

Tenha na ponta da língua justificativas para convencer o cliente, neutralizando as dúvidas dele. Nesse momento, reapresente as vantagens e benefícios do produto ou serviço.

A objeção "muito complicado"

Todos os clientes desejam fazer uma escolha. Mas se ficam confusos com sua opção, características técnicas, como usar o produto, demoram ou evitam tomar uma decisão. Esta é a razão por que você faz recomendações específicas e aponta umas poucas características e benefícios para contornar as objeções do cliente.

Sua estratégia geral:

• Enfatize que é um especialista no produto e que seu trabalho é ajudar o cliente a fazer sua escolha.

• Você também fará com que o cliente saiba usar o produto. Seu objetivo é fazer o cliente ficar satisfeito.

REFORÇANDO

⮩ Preste atenção na objeção do cliente.

⮩ Todas as objeções devem ser ouvidas e acolhidas.

⮩ Faça perguntas para entender o que ele realmente quer dizer.

⮩ Prepare-se para argumentar frente às objeções.

⮩ Certifique-se de que o cliente ficou satisfeito com as suas argumentações.

4.6   6ª etapa: ação final ou fechamento

Quem está fechando a venda por você?

- O cliente

- A marca
- A localização da loja

- A propaganda
- A qualidade e a variedade dos produtos

- A sua sorte
- Todas as alternativas acima estão corretas.

Ser ou não ser, eis a questão.

- O que aconteceria com suas vendas se todos os pontos positivos listados anteriormente não existissem?

- Você já parou para refletir o que realmente tem fechado a venda por você?

- Você já teve a sensação de que apenas prestou informações ao cliente, não havendo dificuldade nenhuma no fechamento da venda? Na verdade, parece que o cliente comprou e não foi você quem vendeu.

- Fechamento da venda talvez seja o que mais justifique sua presença na loja.

Momento do Cliente | Papel do Profissional

AÇÃO FINAL

1. Ofereça adicionais
2. Efetue a venda correta e rapidamente.

O fechamento da venda é o grande momento da negociação. É agora que você exerce sua mais nobre função como vendedor. Esse momento talvez seja o que mais justifique sua presença na loja.

Você ganhou o direito da ação final
(Fechamento da venda). E agora?

Você seguiu todos os passos e o cliente não fez objeções.

Nesse momento, você ganhou o direito de fechar a venda e provavelmente não será contestado. Mas como?

Você pode usar um grande número de técnicas para fechar a venda, mas há algumas coisas importantes para considerar antes de fazer a pergunta final da **Ação Final**.

E a primeira questão é:

✓ Quando você vai sugerir adicionais ao item principal?

Você deveria:

Tentar fechar a venda agora e depois sugerir adicionais?

Sugerir adicionais antes de fechar a venda do item principal?

A resposta é:

VENDAS ADICIONAIS: FECHE A VENDA AO SUGERIR ADICIONAIS!

142 Técnicas de Negociação • Zenaro

Sugerir adicionais para fechar a venda faz muito sentido por dois bons motivos:

- É uma forma de fechamento suave e amável que a maioria das pessoas aceita bem.
- Você tem oportunidade de fazer vendas adicionais.

Fazer **vendas adicionais** é a **segunda tarefa mais importante** que os profissionais de venda assumem (**tentar fechar a venda é a primeira**) quando eles estão no salão de vendas. Isto é verdadeiro por várias razões.

Vamos examinar as duas mais importantes.

A PRIMEIRA RAZÃO PARA FAZER VENDAS ADICIONAIS: OBTER MAIS LUCROS PARA VOCÊ E PARA A LOJA.

Vender adicionais é o que faz com que você e sua loja tenham mais lucro. Vender um item nos mantém no negócio e é nossa obrigação.

Vender itens adicionais nos faz crescer.

A SEGUNDA RAZÃO PARA OFERECER ADICIONAIS É PRESTAR UM BOM SERVIÇO AO CLIENTE.

Não cabe a você dizer "não" pelo cliente. Sua responsabilidade é sugerir, em vez de dizer "sim" ou "não" por seus clientes. A regra deve ser:

OFEREÇA E ELES ACEITARÃO (OU NÃO)
MOSTRE, MOSTRE, MOSTRE, ATÉ QUE ELES DIGAM "NÃO"!

O melhor momento para tentar a venda de adicionais é logo após, ou durante a investigação do item principal. Seu cliente foi receptivo e você se sente confiante de que ele irá levar o item principal. Quando tudo parece estar correndo bem e o cliente demonstra entusiasmo para comprar, é hora de oferecer adicionais.

A ação final consiste em uma simples pergunta, com **o objetivo de fechar a venda do item principal** e, ao mesmo tempo, **oferecer produtos adicionais**. O que deve acontecer agora é a **ação final**. É a sua oportunidade, se cumprir com sua responsabilidade: **fechar a venda e oferecer adicionais**. Sua pergunta deve, sempre que possível: **associar o item adicional ao principal e reforçar o sentimento de posse do cliente**.

Amplie a venda sugerindo:

- produtos necessários;
- produtos complementares;
- produtos em promoção;
- novos produtos.

DICA: NÃO PEÇA PERMISSÃO

Ao ampliar a venda, é melhor simplesmente **ir em frente e sugerir ou mostrar o(s) produto(s) adicional(is) ao invés de pedir permissão antes**. Pedir permissão geralmente resulta em um "não", o que impede que o cliente considere o produto e tenha outras necessidades atendidas.

SIM! *"Eu vou lhe mostrar alguns acessórios compatíveis com esse produto."*

NÃO! *"Haveria algum problema se eu mostrasse os acessórios compatíveis com este produto?"*

4.7 7ª Etapa: pós-venda ou relacionamento com o cliente

Aproveitar o momento em que o cliente está comprando para conquistar sua fidelidade é a marca do vendedor verdadeiramente profissional. No fechamento da venda, você pode contribuir para que o cliente volte a comprar novamente.

Reforçando a decisão de compra. Como na decisão, esse momento é outra chance de fazer com que o cliente se sinta seguro quanto às suas decisões de compra. Reassegure o cliente e elogie sua escolha:

🖉 instruindo o cliente;

🖉 chamando o cliente pelo nome;

🖉 convidando o cliente a voltar;

🖉 embrulhando a compra cuidadosamente;

🖉 efetuando a venda correta e rapidamente;

🖉 agradecendo ao cliente por comprar conosco.

AGRADEÇA AO CLIENTE

Depois de investir uns poucos momentos instruindo o cliente, conclua sua interação com duas afirmações muito positivas:

1. **Afirme a sua disponibilidade.**

Por exemplo: "Sr. Cliente, quero que saiba que estarei sempre disponível para qualquer dúvida ou solicitação que tenha. Aqui está meu cartão."

2. **Afirme sua estima.**

Por exemplo: "Sr. Cliente, deixe-me parabenizá-lo pela aquisição deste produto. Muito obrigado."

É importante fazer seus comentários na despedida de uma forma calorosa e pessoal. Você precisa acreditar neles e senti-los pessoalmente.

FORME SUA CARTEIRA DE CLIENTES

Vendedores profissionais são aqueles que formam uma carteira de clientes e mantêm com os mesmos um relacionamento constante.

Responda com sinceridade:

☑ Quantos clientes você conhece pelo nome?

☑ De quantos clientes você tem o telefone?

☑ Quantos clientes, quando vêm à loja, procuram exclusivamente por você?

Você está satisfeito com as respostas que deu a estas perguntas?

Se não está, parabéns! Você sabe que precisa ter uma carteira de clientes cativos que deem sustentação às suas vendas. Vendedores profissionais estão sempre buscando formar um cadastro de clientes qualificados para desenvolver ações futuras que os manterão ligados a eles.

GERENCIAMENTO DE RECLAMAÇÕES

Gerenciar reclamações é lidar com a insatisfação e decepção do cliente.

Os clientes que reclamam podem ser uma **mina de ouro** de futuros negócios ou um **passaporte para o desastre**, dependendo, em grande parte, de como você se relaciona com eles no momento do atendimento.

Por que é importante gerenciar reclamações?

☞ Elas apontam necessidades de melhoria.

☞ Elas proporcionam uma segunda chance.

☞ Elas fortalecem a lealdade do cliente.

Investigue e leve a sério as reclamações e faça com que o quadro diretivo da empresa se envolva nas soluções.

AS RECLAMAÇÕES NOS AJUDAM A MELHORAR E APRENDER.

Como tratar reclamações

Os clientes necessitam ser ouvidos por pessoas compreensivas, que os ajudem a resolver seus problemas.

DICAS E BENEFÍCIOS

➔ **Escute e mostre-se compreensivo.**

| Benefícios | – desarma o cliente.

➔ **Resgate e registre o que o cliente diz.**

| Benefícios | – tranquiliza o cliente.

➔ **Descubra o que o cliente deseja.**

| Benefícios | – o cliente sente-se importante.

As Sete Etapas: Abordagem Prática sobre Negociação   **147**

➜   **Proponha uma solução e veja se o cliente concorda.**

| Benefícios |

– o cliente deseja a solução (menos de 10% dos clientes mostrarão contrariedade, mesmo assim, proponha outras soluções ou escute suas propostas).

➜   **Retorne a ligação para o cliente e comprove sua satisfação.**

| Benefícios |

– o cliente confirmará a impressão positiva do atendimento anterior.

➜   **Respeite o cliente.**

| Benefícios |

– se não puder satisfazer às expectativas do cliente, ouça e respeite seu ponto de vista.

E se o cliente ficar desapontado?

Haverá situações em que o cliente terá de ouvir um **não**, e quem vai comunicá-lo disso será **você**.

➜ Sendo apenas humano, você ou alguém cometeu erros que irão causar inconveniência ao cliente.

➜ O cliente entendeu mal o que seu produto faria por ele, e está esperando mais do que você pode dar.

1. Preocupe-se com a mensagem como um todo, o **"não"** vem acompanhado de explicações, argumentações e orientações.

2. Seja positivo na forma de passar a mensagem, fale sobre o que **pode fazer por ele**.

3. Lembre-se: o cliente não quer **justificativas**, ele quer **respostas**.

Reclamação: comportamento dos clientes

Ouvir as reclamações dos clientes é uma oportunidade positiva para a empresa.

Pior seria se o cliente insatisfeito não reclamasse...

| Existe um tipo específico de cliente que reclama? | | Não, qualquer pessoa, independentemente de suas características de personalidade, temperamento, já fez pelo menos uma reclamação na vida. |

Vejamos alguns exemplos de comportamento dos clientes frente a situações de reclamação e a maneira como podemos melhor atendê-lo:

➲ Quando o cliente se **ALTERA** por algum motivo, o melhor a fazer é <u>ouvi-lo</u>. Junto com a **AGRESSIVIDADE**, vem a falta de educação. Não tome para si as ofensas. **DICA**: <u>nunca peça para ele ficar calmo; isso é desastroso</u>.

➲ Quando o cliente é **CONSCIENTE** de um erro por parte da empresa e se **COMPROMETE** com as soluções, ele tem um forte desejo de que a empresa (da qual ele gosta) também tenha uma atitude semelhante de <u>propor soluções</u>.

➲ Quando o cliente fica **INDIFERENTE** durante uma reclamação, torna-se difícil para a empresa saber quais são os motivos do seu descontentamento. Ele passa a mensagem, falando aspectos **SUPERFICIAIS**, e aparentemente se **SUBMETE** às soluções que a empresa propõe. Utilizar a <u>pesquisa</u> pode ajudar na busca de soluções.

➲ Quando o cliente não esconde sua intenção de **LEVAR VANTAGEM** diante de uma falha da empresa, devemos conduzir a reclamação com bastante <u>objetividade</u>. Ele tem intenções de se **APROVEITAR** de uma situação que pode ser real ou não.

As Sete Etapas: Abordagem Prática sobre Negociação **149**

⊃ Para lidar, durante uma reclamação, com o cliente que esconde seus sentimentos ou que controla as palavras com uma dose de **CINISMO**, devèmos ficar <u>atentos</u>. Ele sabe **INTIMIDAR** e dá duplo sentido à sua mensagem.

NÃO ESQUEÇA!!!

Reclamação é uma oportunidade.

Peça aos clientes que **FAÇAM** *reclamações, assim você poderá acompanhar o nível de serviços prestados.*

Derrube o **MEDO** *e as* **BARREIRAS** *contra reclamações.*

Faça com que a reclamação seja transformada em uma oportunidade de aprendizagem e de crescimento.

5

A COMPETITIVIDADE EM PERSPECTIVA

Alvin Toffler (2005), um dos mais brilhantes estudiosos de economia e negócios, é quem fornece a melhor explicação para a evolução econômica e tecnológica do mundo civilizado. Segundo o autor, momentos históricos de grandes descobertas e transformações moldaram o desenvolvimento da sociedade e da economia do planeta e determinaram movimentos de elevada grandeza e significância para o mundo. A isso, Toffler chamou de ondas. A seguir, vamos explorar de forma breve o que representou cada onda em sua época.

- 1ª onda: revolução agrícola

A evolução humana acompanhada de tecnologias rudimentares melhorou a força de trabalho e aumentou a produção de bens primários. As propriedades rurais, grandes fazendas e unidades produtivas agrícolas, cuja força motriz era animal ou mão de obra escrava, passaram de centralizadas e autônomas para descentralizadas, evoluindo para economia de mercado. Este movimento foi

152 Técnicas de Negociação • Zenaro

marcado pela proliferação e pela diversidade da oferta de bens primários, que mais tarde são negociados entre os países ou transformados em bens de consumo através da industrialização.

- **2ª onda: revolução industrial**

A descoberta do vapor alavancou a economia mundial em sua época, adicionando força motriz aos processos então rudimentares. Houve grandes avanços tecnológicos e o surgimento de um movimento chamado de revolução industrial. A revolução industrial provocou mudanças na forma de pensar e agir do homem. Surgiram as grandes unidades fabris, a produção em série, enfim o mercado de consumo de produtos industrializados, desde sapatos e alimentos até automóveis. Essa revolução acelerada recebe maior intensidade tecnológica quando do uso da energia elétrica. Os processos de produção evoluem e melhoram substancialmente. Surge também o motor a combustão, que revoluciona os transportes, proporcionando grande avanço econômico e social.

- **3ª onda: revolução dos serviços**

Esse momento está sendo vivenciado nos dias de hoje. Com a evolução da economia de mercado, surge um agente chamado consumidor, que não aceita mais a política de relacionamentos pregada pela revolução industrial. Nesse momento, em especial, a figura do consumidor exerce poder e pressão sobre a indústria, determinando o ritmo de mudanças tecnológicas necessárias para atender aos anseios da qualidade de vida demandada. A expressão agora em uso para a indústria é "agregar valor aos bens de consumo" em detrimento da produção e oferta massificada e das chaminés poluidoras indesejáveis. Surge então uma indústria renovada, com alto grau de tecnologia, não agressora ao meio ambiente (ou pelo menos tenta ser) e competitiva no sentido de ouvir, entender e atender aos anseios dos consumidores rápida e eficazmente, fazendo até mais do que eles esperam.

A isso se determinou chamar de "surpreender o mercado". Paralelamente a esse movimento, firmam-se as universidades e centros de pesquisa dentro e fora das empresas, oferecendo ao mundo desde alimentos funcionais e roupas inteligentes até aviões e uma gama imensurável de meios de comunicação e entretenimento. Bem-vindos à era do conhecimento. É a terceira onda de Toffler. Quanto maior o conhecimento, maior a competência, quanto maior a competência, mais tecnologia agregada, e quanto mais tecnologia, maior valor agregado e por consequência melhor qualidade de vida humana.

- **4ª onda: revolução da biotecnologia**

Esta é, segundo Toffler (2005), a próxima grande onda. Já estamos vivenciando este momento. A engenharia genética (que não é novidade para ninguém), os clones, os transgênicos (que já consumimos em larga escala), o conhecimento da sequência do DNA humano e outras tecnologias em estudo. Muitas surpresas e descobertas ainda virão. O problema é que essas tecnologias estarão sob o domínio das grandes potências econômicas mundiais, uma vez que as prioridades sociais desses países são muito divergentes das do Brasil.

Desses cenários surge uma grande questão: e o ambiente competitivo para as empresas?

Pelos estudos que desenvolvi, há questões latentes que me preocupam muito. Vamos ver algumas:

- Grande proliferação da oferta: centenas de soluções para um mesmo problema. O mercado de bens e serviços é tão vasto que temos disponível no Brasil mais de 500 modelos de carros novos, sem falar nos celulares ou então no ramo de alimentação e cosméticos.

- Acirramento da concorrência: pressão diária para redução de preços e melhora da oferta. Invasão das marcas talibãs/pirataria/China e outros asiáticos.

154 Técnicas de Negociação • Zenaro

- Rápida erosão das vantagens competitivas: investimentos não garantem o retorno esperado e invariavelmente a inovação é copiada e melhorada instantaneamente. *Benchmarking*.

- Diminuição da eficácia dos meios de comunicação de massa: diariamente cada cidadão é bombardeado por mais de duas mil mensagens, anúncios e outros estímulos publicitários e de consumo. O *recall* disso é pífio, ou seja, a eficácia é questionada.

- Maiores custos de publicidade: os multimeios para ocupar a mente do consumidor são cada vez mais caros e menos eficazes. Os consumidores são minados com informação inútil e chateiam-se facilmente.

- Burocracia e alta carga tributária: só no Brasil temos que trabalhar mais de cinco meses por ano para pagar dezenas de impostos, tributos, taxas, contribuições etc., aos governos. Eu não reclamaria em pagar tanto imposto se não precisasse: plano de saúde complementar, plano de aposentadoria complementar, escola privada, seguro contra roubo etc. E a burocracia é tanta e com atividades tão acéfalas que permite brechas legais a falsários e espertalhões. Não vou nem falar em corrupção e ilegalidades.

- Precária infraestrutura do Brasil: o país não possui um plano sustentável para garantir crescimento em longo prazo. Basta ver nossas rodovias, portos, energia etc.

- A era do telemarketing: não existe incômodo pior do que esse. Talvez uma dor de dente. Na tentativa de vender, as empresas estão traindo a confiança dos consumidores através de telemarketing, empurrando produtos e serviços que em geral as pessoas não precisam. E olhe que são marcas famosas também.

- A diminuição do Estado na economia: quanto menos o Estado gere nossa economia, pior fica, mais dívidas, desperdícios, perdas de mercado, fraudes etc. O grande maestro da economia nos países desenvolvidos é o Estado. Uma boa política de desenvolvimento econômico deve ser interesse direto do governo.

- A era da saúde: nunca se viu e ouviu falar tanto em saúde como nos dias de hoje. É uma obsessão das pessoas pelo corpo magro, esbelto, cabelo liso, pele e dentes perfeitos etc. Isso sustenta uma gigantesca indústria que oferece de tudo, desde aparelhos para ginástica até planos mirabolantes para emagrecimento e modismos de tratamento de choque "para o seu bolso", como aparelhos vibradores e banhos diversos.

Segundo Michael Porter (1992), para criar e sustentar um bom desempenho no mercado, as empresas devem adotar um dos dois posicionamentos a seguir:

1. Liderança em custos

Para conseguir liderar em custos, é preciso ter alta tecnologia ou vantagens competitivas significantes, por exemplo: facilidade de acesso ao mercado, marca reconhecida, processos bem desenvolvidos, matéria-prima abundante, mão de obra especializada ou bons equipamentos e infraestrutura de distribuição. É muito difícil oferecer ao mercado o melhor produto pelo menor custo. Ninguém consegue oferecer o melhor produto ou a melhor solução final para um problema pelo menor custo, a menos que tenha a tecnologia e os recursos disponíveis.

Exemplos: Nokia, Gol Linhas Aéreas, WalMart, Volkswagen.

2. Diferenciação

Competir no mercado com base na diferenciação significa oferecer um produto com percepção de valor e desempenho superiores, construir uma imagem forte de marca, ou focar em aspectos que constroem competências essenciais para serviços, por exemplo: atendimento, logística, assistência etc. Muitas empresas tentam se posicionar no mercado utilizando-se desse artifício: as grandes marcas de automóveis, vinhos nobres, especiarias, cervejas, empresas de serviço como ALL ou os Correios etc.

5.1 Tendências dos negócios no varejo

A chamada terceira onda pressupõe 12 tendências ou contribuições de marketing para os negócios nesta década. Vejamos:

1. Marketing de relacionamentos

Transações *versus* soluções de longo prazo. São muitas as tentativas de empresas que desejam desenvolver um relacionamento de longo prazo com seus clientes, no intuito da fidelização. É mais barata a manutenção dos clientes do que a conquista de novos.

Um exemplo de empresa no ramo de fotografias do interior do Brasil, que se destacou nacionalmente e recebeu prêmios pela política de relacionamentos com o mercado: Foto G&A, de Videira, SC. Essa empresa apresenta tantas alternativas de manutenção de clientes que serviu de *benchmarking* para a Fuji do Brasil. Outro exemplo: a TAM, que todos nós conhecemos. Todas as outras companhias oferecem transações pelo serviço de transporte aéreo, umas mais caras, outras mais baratas. A TAM oferece relacionamentos, desde a geração do comandante Rolim.

2. Manutenção de clientes

Conhecer cada vez mais o cliente e administrar as contingências e as necessidades desse cliente é o que de melhor se pode fazer para a manutenção dele em seus negócios. As empresas que adotam uma política de manutenção de clientes tendem a construir um relacionamento baseado em confiança e credibilidade, e esse relacionamento pode durar anos. Exemplos: Multibrás (Cônsul e Brastemp), WEG Motores, Coca-Cola.

3. Aumento da cota de clientes

O mercado pode crescer de duas maneiras: crescimento orgânico, que em geral não ultrapassa 2% ao ano, e crescimento da participação de mercado (*market-share*). Como o crescimento orgânico é praticamente insignificante, a meta então deve ser conquistar espaços ou fatias de mercado não atendidas ou mal atendidas pelos concorrentes.

Desse modo têm surgido centenas de novos negócios, sem falar das fusões e aquisições entre empresas, ou seja, as mais eficientes engolindo as menos. O que determina a conquista e crescimento no mercado é a habilidade em atendimento e penetração de mercado. Isso pode ser atingido por uma administração eficaz. Exemplos: Cervejaria Schincariol × Kaiser.

4. *Database*: armazém de dados

Já é possível, graças à tecnologia, a construção e manutenção de grandes armazéns de dados dentro de qualquer organização, independentemente de sua origem, tamanho ou setor de atividades. Podem-se disponibilizar informações em tempo real sobre tudo o que é necessário para o bom atendimento ao mercado, desde rotas inteligentes e otimizadas para a logística até os serviços de teleatendimento e rotinas internas para valorizar os clientes. É claro que deve haver compromisso dos envolvidos e principalmente da administração, atualizando permanentemente os dados para que não se torne um elefante branco, já que estamos falando de investimentos.

Uma universidade que mantém seu armazém de dados atualizado está valorizando seu acadêmico desde o dia em que ele entra em seu curso até o dia de sua morte. Em universidades americanas, a vida dos seus acadêmicos e ex-acadêmicos é monitorada de forma tão estreita que se passam 20 ou 30 anos da formatura e aqueles alunos ainda têm seu histórico e os relacionamentos com a sua universidade mantidos. A universidade envia desde um simples cartão de aniversário até as congratulações pela mudança de cidade ou de emprego do seu ex-aluno. Isso é possível com tecnologia e comprometimento da administração.

158 Técnicas de Negociação • Zenaro

5. Automação de vendas: valorizar o tempo dos clientes

Alta tecnologia para o atendimento aos clientes. *Time is money*. Ninguém mais pode perder tempo para ser atendido, a menos que deseje. Atividades burocráticas simples, como um *check-out* em um supermercado ou a tiragem de um pedido, devem ser tão rápidas e práticas que o cliente nem perceba. Infelizmente, em muitos locais ainda não se entende isso. Gastam-se horas para resolver um problema simples ou então as pessoas parecem inacessíveis, chegam a irritar os clientes pela falta de autonomia em sua função, por timidez ou arrogância. As decisões em geral são demoradas e em muitos casos contrariam a vontade dos envolvidos. Isso quando não há rotinas e automação no atendimento, ou as pessoas envolvidas não são capacitadas. Exemplos de sucesso são os bancos. Todos possuem tecnologia e autosserviço, além de *Internet banking*.

6. Poder transfere-se para o varejista

Que o digam os fabricantes que fornecem para grandes redes de varejo como Pão de Açúcar ou Carrefour. Alguns desses esbravejam: "Eles querem de graça?" Ou então: "Eles querem que a gente pague para que vendam a nossa mercadoria?" Muito disso deve-se ao fato de o poder de negociação estar no varejo, principalmente nas grandes redes, já que concentram grandes volumes de clientes. Neste caso, é interessante manter um bom sistema de atendimento e distribuição permitindo pulverização no mercado. Fabricantes como a Perdigão já possuem centros de distribuição em pontos estratégicos no Brasil, para que forneçam instantaneamente aos pequenos comerciantes.

7. Comunicação integrada com o mercado

Várias ações de comunicação são necessárias, utilizando várias táticas e multimeios. Em resumo, um *mix* de comunicação que possibilite a maior penetração no mercado. Há uma tendência de aumento dos custos e diminuição da eficácia na comunicação com o mercado. Boas agências de comunicação e propaganda possuem departamentos especializados em cada uma das táticas de comunicação integrada. É preciso conhecer as ferramentas e estar muito bem assessorado para não despender dinheiro e energia de forma desnecessária ou mal planejada. Uma promoção malfeita pode gerar efeito contrário ao desejado. A regra de ouro: antes de falar, ligue o cérebro, ou seja, pense antes de comunicar ao mercado o que deseja, para produzir a imagem certa a respeito da sua empresa na mente das pessoas.

8. Inovação constante

Adaptar-se e surpreender o cliente. Estas são as palavras mágicas. Adaptar-se rapidamente aos desejos e necessidades dos consumidores e às tendências de consumo. Você pode ser proativo e criar demandas pela inovação constante, ou reativo e sempre perder para o seu concorrente que saiu na sua frente e inovou. Nem sempre o consumidor sabe exatamente o que quer. Veja o mercado de automóveis, telefones celulares, informática, televisores, enfim, quanta tecnologia. Não foi o consumidor que pediu tudo isso, foi a indústria que ofereceu, gerou demanda, despertando desejos de compra.

Acompanhe as tendências do mercado e não tenha medo de se expor. Para isso, é preciso conhecimento do setor onde atua e alto grau de empreendedorismo e coragem, afinal, muitos preferem não arriscar. Vou contar brevemente um fato ocorrido em minha cidade: na época do lançamento da sandália de silicone, um comerciante adiantou-se em aprimorar seu estoque de forma bem ousada, enquanto seu vizinho de frente, também comerciante, ridicularizou-o dizendo que ele não venderia nada, que aquilo não daria certo. Mesmo assim ele montou sua vitrine e apostou tudo na sandália. O outro, com inveja do sucesso do colega da frente, comprara apenas meia dúzia de pares da tal sandália e ainda pregou o insucesso. Resultado: a meia dúzia de sandálias ainda permanecia em sua loja até há poucos dias empoeirando, enquanto na promoção do vizinho da frente (que vendeu tudo) já havia outro lançamento.

9. Responsabilidade social

As empresas que cuidam da comunidade onde atuam são bem-vistas e defendidas por essas comunidades. A cada dia surgem exemplos de empresas cidadãs, que constroem uma relação de responsabilidade social através de programas voltados ao desenvolvimento humano, cidadania, educação e saúde, entre outros, não só com as comunidades onde atuam, mas com seus funcionários e com outras instituições filantrópicas parceiras. Até há alguns anos, contava-se nos dedos quais eram as empresas que construíam um relacionamento com seus públicos, baseado na responsabilidade social.

No final da década de 90, existiam no Brasil apenas 80 empresas cuja política de relacionamentos fundamentava-se na responsabilidade social. Hoje são centenas de empresas, inclusive pequenas. A responsabilidade social é uma forma de construir uma imagem pública favorável e conquistar a imprensa e a comunidade em geral, em defesa da empresa. É uma ferramenta de marketing poderosa, que tem seus investimentos revertidos em forma de benefícios e incentivos fiscais, tributários, além de sociais, e especialmente motivacionais. Exemplos de responsabilidade social: programas de inclusão social, alfabetização, alimentação, recuperação de dependentes químicos, incentivos à cultura etc.

10. Meio ambiente: *green marketing*

Assim como a responsabilidade social, a responsabilidade com o meio ambiente ou marketing verde é o que irá diferenciar as empresas no páreo da competitividade nos próximos anos. Os espanhóis constituem hoje um dos mercados mais preocupados com questões ambientais. Se sua empresa ainda não pensa ou não sabe o que é *green marketing*, cuidado. É uma tendência irreversível, e o mercado consumidor está se autoeducando, principalmente através das crianças, a respeito dessas exigências de qualidade ambiental, embora a "onda dos verdes" comece na Europa. Estados Unidos, China e Japão são responsáveis por 65% da poluição do nosso planeta, seja através de gases tóxicos, lixos sólidos ou outros efluentes diversos. Infelizmente, é a cultura dos descartáveis vindos da China. Hoje existem certificações específicas, exigidas em alguns mercados internacionais, em relação à ACV (análise do ciclo de vida ecológico dos produtos). Algumas empresas, tidas como ambientalmente corretas, não agressoras desde a captação das matérias-primas, processos industriais, logística reversa ou descarte e reaproveitamento, já possuem a certificação – Normas da ISO 14000.

11. Endomarketing

Um bom refeitório, uma boa política de saúde para os colaboradores, um bom ambiente de trabalho, desafios encorajadores, e especialmente as instruções e a capacitação necessária para o exercício das atividades, é o que constitui a base do endomarketing. Endomarketing é a adoção da empresa e seus produtos por seus colaboradores. Esses passam a ser não só funcionários, mas guerreiros defensores da sua empresa.

Pessoas qualificadas e felizes com sua empresa desempenham melhor a sua função e em geral assumem responsabilidades maiores, além de serem mais produtivas. Invista em pessoas com bons salários que o retorno é maior e mais rápido. O que eu quis dizer: pessoas qualificadas e otimistas naturalmente são mais caras, mas o retorno também é melhor. Uma pesquisa norte-americana realizada pela universidade de Nova York com 1.200 executivos, no ano de 2003, mostra que os otimistas e bem-humorados são admirados por suas equipes, e que detêm maior autoridade do que os demais. A pesquisa mostra também que os mais felizes e otimistas produzem em média 40% a mais no mesmo espaço de tempo que os demais.

12. Ética nos relacionamentos

Qual é a cultura da sua empresa? Quais são os valores construídos ao longo da história e que se tornaram paradigmas seguidos por todos, como hábitos na sua empresa? Qual é o princípio fundamental que rege a sua empresa? O cultivo das relações éticas deve ser um exercício diário. Contrate gente boa e conte a ela a história da empresa, como ela é, como se relaciona com o mercado, com os fornecedores, os funcionários, o governo, a comunidade etc. Mas seja ético, não jogue sujo, não brinque de sociopata ou megalomaníaco com ninguém. Não seja dissimulado com seus funcionários ou clientes e não prometa o que não vai cumprir, porque essa é a melhor forma de destruir seu negócio ou sua imagem. Ética é o compromisso com a verdade em tudo o que fizer. A base da ética é desenvolvida ao longo dos anos, fundamentada na credibilidade e na confiança de rotinas e práticas corretas do ponto de vista legal, social e ambiental.

Para que sua empresa adote e assimile as tendências de marketing vindouras, acompanhe algumas regras básicas, conforme a seguir. Cinco regras básicas para o sucesso no mercado:

1. marcar o ritmo da mudança: não pense que amanhã tudo será diferente na sua empresa, porque não será. A mudança não pode ser imposta por você, e sim aprendida e compreendida pela equipe como uma forma melhor de fazer as coisas;

2. informação em tempo real: informação é poder, ou você possui ou não possui;

3. estrutura mínima: que o digam os bancos, que com estruturas enxutas atingem resultados astronômicos;

4. prospectar o futuro: acompanhar as tendências, isto é, inovar;

5. aprendizagem e adaptação rápida: aprenda a cada dia e transforme sua vida.

5.2 A vida moderna e os novos nichos de consumidores

Depois de enfrentar um processo de globalização que trouxe a tiracolo o desemprego e a queda no poder de consumo, o brasileiro se redescobre com valores distantes daqueles que marcaram o passado, quando "ser" significava "ter". A trabalhar 14 horas por dia, ter alguma folga na conta bancária e não poder desfrutar de momentos de lazer, as pessoas hoje em dia têm preferido adotar um estilo mais simples, que lhes garanta um pouco mais de qualidade de vida, sem excesso de trabalho, cobranças ou estresse. Percebeu-se que não é saudável alinhar a felicidade com a realização financeira.

Essa é uma das principais conclusões do estudo *Sonhos de consumo em tempos de mudança*, apresentado na Câmara Americana de Comércio em São Paulo em 2012. O trabalho foi coordenado pela consultoria de Guilherme Sztutman e conduzido pela socióloga Vera Aldrighi, diretora da Vera Aldrighi Clínica de Comunicação e Marketing. "Mais do que perguntar o que as pessoas querem consumir, quisemos descobrir qual a sua visão de mundo", diz Sztutman. A pesquisa envolveu duas fases: a qualitativa, com homens e mulheres das classes A, B e C, de 20 a 50 anos, divididos em sete grupos de discussão, cada um com cerca de dez pessoas; e a quantitativa, que realizou 1,3 mil entrevistas individuais, com duração de 70 minutos cada uma, nas capitais de São Paulo, Rio de Janeiro, Recife e Porto Alegre, com consumidores entre 20 e 55 anos.

O levantamento considerou os mandatos de Lula como marco simbólico de uma nova atitude da sociedade, especialmente da classe média que, antes preconceituosa em relação a origens e classe social, começa a rever seus valores, reencontrando o prazer em coisas simples em meio ao crescente medo do empobrecimento.

Quando questionado a respeito dos seus cinco maiores sonhos, o público respondeu em primeiro lugar o desejo de estabilidade financeira (50%), seguido do de obter melhor renda (37%), melhor educação para o filho (28%), aproveitar mais a vida (27%) e pagar dívidas (24%). Naturalmente não fecha os 100% das opiniões por conta das respostas múltiplas.

As pessoas começam a perceber que quanto mais se consome mais se deseja consumir, e essa espiral gera frustração, uma vez que bate de frente com a crescente limitação financeira.

Nesse cenário, a propaganda e os meios de comunicação adquirem um papel fundamental. À pergunta "Quem mais ajuda a melhorar o Brasil?", a primeira resposta foi "Eu, cidadão", com 60%; seguida por "Publicidade/propaganda", com 51%, e "Mídia/Meios de comunicação", 44%.

A questão sucedeu à pergunta "Que país deseja?", que teve como principal resposta a sentença "Mais humano e justo com seu povo" (45%). "O público tem consciência do poder de mobilização da mídia e do quanto isso pode servir como motivador de debates e mudanças de postura por parte da sociedade, especialmente quando se trata de uma boa causa", diz Sztutman.

O estudo destacou a resposta ao que mais deveria ser valorizado (honestidade, com 66%), e ao que mais incomoda (discriminação dos pobres, 45%), logo depois de consumo de drogas (57%) e abuso sexual de menores (49%).

É grande a responsabilidade dos publicitários, que ajudam a construir desejos e expectativas todos os dias, muitas vezes baseados no que os próprios profissionais de propaganda e marketing querem para si. Mas a maioria da população não tem a menor condição de consumir boa parte desses desejos.

5.2.1 Quem são esses novos nichos de consumidores

A pesquisa identificou oito diferentes grupos que compõem o novo perfil de consumidores. São eles os Transgressivos (15%), Batalhadores (14%), Retraídos (13%), Sonhadores (12%), Conservadores (12%), Ideológicos (12%), Progressistas (12%) e Liberais (10%).

Os Transgressivos se concentram mais no Rio de Janeiro (21%), na faixa dos 26 a 35 anos e acima dos 45. É o maior segmento entre os que se declaram negros (22%). O grupo revela rebeldia contra tudo o que parece ser aceito e consagrado pela maioria. Sua atitude é a de desafiar a hipocrisia, e não desejam parecer sensatos nem responsáveis ou politicamente corretos. Eles sentem-se rejeitados por uma sociedade que lhes impõe modelos de perfeição.

Os Batalhadores se concentram mais em Recife (20%), nas classes B e C e acima de 26 anos. Entre eles, há mais trabalhadores informais e que se classificam como "mestiços". Aspiram por uma vida mais confortável, lutam contra qualquer tipo de exclusão e de atitudes elitistas. São otimistas, confiantes na própria capacidade de sobreviver e desconfiados em relação às armadilhas do consumo.

Já os Retraídos estão na maior parte em São Paulo (45%), na população de jovens até 25 anos (37%) e solteiros (52%). São mais encontrados na classe A (15%). Eles se expõem pouco, parecem desmotivados e inseguros para enfrentar a vida, formular sonhos e objetivos. Estão desanimados, estressados e não conseguem mobilizar-se para defender valores e ideais pessoais ou coletivos.

Em Porto Alegre encontra-se a maioria dos Sonhadores (17%), grupo que é um pouco mais jovem e feminino que os demais, muito presente nas classes B e C e onde os desempregados e dependentes estão em maior proporção (30%). Trata-se de alguém menos determinado a crescer e a ganhar dinheiro, mais voltado à busca da felicidade pessoal, que acaba se confundindo com sonhos de consumo. São os que mais consomem mídia.

Os Conservadores têm mais homens, casados e acima de 45 anos (17%). É um grupo maior em Recife (15%) e está entre os pessimistas e apreensivos, que acreditam que os problemas atuais são o resultado de uma decadência moral da humanidade. É bastante maniqueísta e acha destrutivo o poder da mídia.

Os Ideológicos são mais encontrados em Porto Alegre (16%), com concentração nas classes A, B e C. Entre eles está a maior proporção de pessoas com ensino superior. São os que mais acreditam que é preciso ter ideais e lutar por elas. É o grupo mais combativo e reflexivo. São humanitários e acreditam que o mundo está decadente por falta de rumo e ideais.

Os Progressistas estão mais entre as mulheres (17%), com maioria no Rio e em Recife (16%). Nesse grupo encontra-se a maior parte dos trabalhadores assalariados de empresas privadas, com renda pouco superior à média da amostra. Defendem os direitos e a participação da mulher na sociedade. São voltados à carreira profissional e competitivos, mas éticos.

Os Liberais, por sua vez, estão mais em Porto Alegre (20%). São ambiciosos, competitivos, dinâmicos e querem dominar. Espelham-se na "elite que faz". São avessos a qualquer tipo de controle que interfira na liberdade de ganhar dinheiro e são flexíveis nas questões de valores e moralidade sexual. São mais ressentidos com a decadência do estilo de vida.

Esse estudo remete a uma nova forma de atuação no mercado e exige das empresas a busca por vantagens competitivas de fato, ou seja, mais consistentes e duradouras. Não é tarefa fácil aos gestores de marketing, pois os consumidores estão diplomados em escolha e adoção, "não engolem mais qualquer coisa".

5.3 Vantagem competitiva

Este termo passa a ser incorporado no dia a dia da administração: vantagem competitiva! Pode ser entendida como vantagem que uma empresa tem em relação aos seus concorrentes, geralmente demonstrada pelo desempenho econômico sistematicamente superior ao dos demais competidores.

Só é possível uma *performance* melhor na medida do posicionamento estratégico, da teoria dos recursos as teorias baseadas nos processos de mercado e das teorias de competências dinâmicas. Com nítida vinculação mais a uma dessas teorias, tem-se que a vantagem geralmente se origina de uma competência central do negócio. E que, para ser realmente efetiva, a vantagem precisa ser:

1. difícil de imitar;

2. única;

3. sustentável;

4. superior à competição;

5. aplicável a múltiplas situações.

Exemplos de características de empresas que poderiam constituir uma vantagem competitiva incluem:

- foco no cliente, valor para o cliente;

- qualidade superior do produto;

- distribuição ampla;

- alto valor de marca e reputação positiva da empresa;

- técnicas de produção com baixo custo;

- patentes, direitos autorais e de propriedade industrial;

- proteção do governo (subsídios e monopólio);

- equipe gerencial e de funcionários superior à média do mercado.

Há estudiosos que defendem que, em um mundo competitivo que muda rápido, nenhuma dessas vantagens pode ser mantida em longo prazo. Eles alegam que a única vantagem competitiva sustentável é construir uma empresa que esteja tão alerta e ágil que sempre irá encontrar uma vantagem, não importa que mudanças ocorram.

O nível de sofisticação do consumidor e dos produtos e serviços que influenciam a demanda são fatores importantes para a competitividade de um país, uma vez que, quanto mais sofisticado for o comprador dos produtos e serviços, maior será a motivação para a inovação e a qualidade, por decorrência disso, para a criação de competitividade das empresas na região.

Características geográficas e de clima influenciam preferências de consumidores e acabam gerando uma natureza de demanda que resulta em algum grau de especialização em nível acima do que pode ser demandado por compradores de outras regiões. Esse contexto explica, por exemplo, por que fabricantes de motores diesel de alta capacidade nos EUA são muito competitivos internacionalmente. Eles se adequaram a uma demanda forte por transporte rodoviário de alta capacidade e de longas distâncias. A exigência do mercado consumidor de produtos e serviços direciona os esforços no sentido do atendimento dos requisitos, consolidando a capacidade de atender às exigências de forma competitiva.

Esse contexto induz as empresas do setor de atuação a desenvolver *expertises* particulares que se tornam, ao longo do tempo, importantes fontes de vantagem competitiva. O cliente se torna, nessa situação, um importante agente gerador de novas demandas, as quais poderão ser atendidas por meio de investimentos em inovação.

Uma análise sobre esse contexto pode entendê-lo como um círculo virtuoso, que proporciona a manutenção ou o incremento da vantagem competitiva adquirida. Além disso, aqueles atributos que tenham sido desenvolvidos há mais tempo podem ser oferecidos em outros mercados menos sofisticados, permitindo aumentar a participação nesses mercados. Esse processo é chamado por Porter (1992) de necessidades precursoras do comprador.

O tamanho do mercado interno é outro fator importante para que os benefícios de escala e de aprendizado possam ser usufruídos pelas empresas em uma determinada região. Esse fator, contudo, não explica isoladamente a competitividade, pois há outros fatores igualmente relevantes, como a própria distribuição da produção em nível nacional e/ou internacional.

Algumas empresas operam em vários países e os ganhos de aprendizado são auferidos a partir das unidades que se destacam em determinadas áreas de processos ou de produção. Também a escala operacional pode contribuir se ela for obtida a partir das unidades em que a *expertise* de processos ou produção se mostre melhor. Portanto, o que Porter argumenta é que nem sempre a competitividade de um setor se manifesta igualmente em todos os itens da cadeia de produção desse setor.

Quanto maior o mercado interno, melhor para empresas localizadas em países ou regiões em que atividades de P&D são muito fortes, a capacidade de financiamento de projetos de capital intensivo é elevada, a tecnologia avança a passos largos ou as incertezas se mostram elevadas. Um mercado grande internamente contribui para mitigar riscos relacionados à necessidade de investimentos elevados.

Não somente o tamanho da demanda do mercado interno, mas também a taxa de crescimento dessa demanda é um fator que merece atenção em um processo de análise da competitividade internacional. A atratividade do setor de atuação em mercados de alto crescimento traz mais benefícios do que simplesmente o aumento dos negócios no portfólio presente das empresas. Ela também traz benefícios pela adoção mais rápida de novas tecnologias, melhor retorno dos investimentos em plantas de maior porte e consequente redução dos riscos sobre decisões estratégicas.

O outro lado dos pontos positivos que advêm do tamanho do mercado interno e de sua taxa de crescimento é a saturação do mercado. Embora possa parecer ruim, em princípio, há benefícios nessa situação. Um deles é a indução à inovação, uma vez que mercado saturado implicaria em possível queda de preços. Para evitar que isso ocorra, é necessário investir na qualidade dos produtos, na agregação de novos atributos dos produtos e consequente aumento da rivalidade entre as empresas que competem no mercado.

Ao final, a tendência das empresas é tentar expandir seu mercado a países estrangeiros. Porter argumenta que parte significativa das empresas estudadas iniciou sua trajetória internacional porque seu mercado interno se mostrou saturado. A demanda nos mercados internos impulsiona as empresas na busca de novos mercados onde os atributos de seus produtos podem ser valorizados. A pressão pela maior qualidade ou proposta de valor dos produtos, advinda da dinâmica dos mercados internos, em tamanho ou em taxa de crescimento, gera oportunidades estratégicas em mercados estrangeiros, induzindo à internacionalização.

5.3.1 Determinantes da vantagem competitiva

Os determinantes da vantagem competitiva representam o composto em que indústrias poderão se posicionar no contexto internacional de competição. Isolada ou conjuntamente, esses determinantes podem influenciar na capacidade que as empresas têm de adquirir vantagem competitiva em um setor específico.

Essas condições são aquelas mais fortemente relacionadas ao conceito clássico proposto por Ricardo, também referido pelos economistas como fatores de produção. Elas representam os insumos necessários para competir, portanto, são recursos de entrada para as empresas. Dentre as diversas categorias em que se podem agrupar os fatores, estão:

• **recursos humanos:** quantidade de pessoas, capacidade, formação, especialização, valores éticos, custos de contratação e modelos de contratação;

• **recursos físicos**: tipo de recursos, disponibilidade, acessibilidade, qualidade, custos de disponibilização. Podem ser representados por diferentes categorias, por exemplo os recursos naturais como a terra, a água, rios para navegação e transporte. Também se inclui nesse tipo de recurso a localização geográfica;

• **conhecimento:** científico, tecnológico, de mercado e técnicos, todos estes associados com os produtos e serviços a serem ofertados. Também podem ser representados pela capacidade de gerar novos conhecimentos (universidades, institutos de pesquisa), disseminação de informações e de conhecimento por meio de bancos de dados e sistemas de compartilhamento e acesso a informações;

- **capital:** representado pela disponibilidade de meios de financiamento de projetos, por exemplo, o mercado de capitais, o sistema de financiamento via agentes púbicos e privados como agências de fomento e bancos. O capital é um recurso que representa importante fator de produção e, portanto, deve estar presente nos estudos de avaliação da competitividade de países ou de regiões;

- **infraestrutura:** representada pelo tipo de infraestrutura disponível, o acesso a ela e os custos associados para se usufruir desse acesso ou utilização. Tem especial ênfase em aspectos relacionados a logística e transporte, mas também a outros fatores como disponibilidade de moradia, de espaço físico para armazenamento, produção, transmissão e distribuição de energia e combustíveis.

5.3.2 Condições da demanda

A demanda interna pelos produtos ou serviços representa importante fator para a competitividade de um país ou de uma região. Além de a demanda representar fator impulsionador para a competitividade das empresas na região, a sua natureza contribui para fortalecer estratégias para a inovação. Portanto, condições de demanda são importantes para gerar impulso estático e dinâmico.

A natureza da demanda interna contribui para caracterizar os segmentos da atividade econômica que apresentam maior propensão a se estabelecer na região. Diversos aspectos podem influenciar a natureza da demanda, a exemplo do rápido desenvolvimento dos sistemas de transmissão via micro-ondas no Japão do pós-guerra, quando a necessidade de comunicação em região montanhosa levou os pesquisadores japoneses a investir no desenvolvimento de tecnologias dessa área do conhecimento.

Porter também descreve o papel de aspectos complementares aos quatro determinantes da vantagem competitiva, os quais são categorizados pelo autor em dois grupos. O primeiro deles é o papel do acaso. Muitas das oportunidades de ampliação da competitividade de empresas em países ou regiões são fruto do impulso gerado por fenômenos não controláveis pelos gestores das empresas. O acaso, na abordagem do autor, constitui-se de fenômenos fortuitos, fora inclusive do alcance dos gestores públicos de países ou regiões, e por analogia também fora do alcance dos gestores das empresas.

Uma lista de fenômenos fortuitos que apresentam influência sobre a competitividade de empresas em países ou regiões inclui, por exemplo:

- atos de pura invenção;

- tecnologias disruptivas que quebram o modelo vigente na indústria;

- choques de oferta de insumos com consequente aumento de custos;

- crises ou mesmo alterações radicais nos mercados financeiros internacionais;

- surtos de demanda, rompendo barreiras consideradas normais;

- decisões políticas;

- guerras.

5.3.3 Outros fatores determinantes de vantagem competitiva

Porter (1992) defende que os fenômenos fortuitos (acaso) influenciam os determinantes da competitividade. Eles podem influenciar as condições de fatores, ao restringir o acesso aos insumos de um determinado setor, para citar um exemplo. Ou podem influenciar as relações de consumo, alterando as condições de demanda.

A Competitividade em Perspectiva **173**

Crises internacionais podem levar a movimentos e decisões regulatórias que afetam a estrutura ou a governança de empresas de diferentes países, gerando impactos na competitividade dessas empresas. Finalmente, a escassez de determinado insumo pode afetar condições de fatores bem como a competitividade de indústrias correlatas, afetando indiretamente as empresas que fazem parte de determinada cadeia produtiva.

5.4 *Customer Relationship Management* (CRM) como estratégia competitiva nos negócios

CRM é um termo em inglês que pode ser traduzido para a língua portuguesa como **Gestão de Relacionamento com o Cliente**. Criadas para definir toda uma classe de ferramentas que automatizam as funções de contato com o cliente, essas ferramentas compreendem sistemas informatizados e fundamentalmente uma mudança de atitude corporativa, que objetiva ajudar as companhias a criar e manter um bom relacionamento com seus clientes armazenando e inter-relacionando de forma inteligente informações sobre suas atividades e interações com a empresa.

O mundo passou por profundas e importantes transformações, sobretudo nos últimos 15 anos, impulsionadas pelo crescimento da Internet. Ao ganhar na *web* mais um poderoso canal de comercialização e de comunicação, o setor corporativo precisou rever alguns conceitos e se reestruturar. Na era digital, tudo é muito rápido. O concorrente está à distância de um simples clique no *mouse*. Para poder competir nesse cenário, não basta oferecer produtos e serviços com melhor qualidade e preço. É preciso, também, conhecer o consumidor, ser capaz de satisfazê-lo e não perdê-lo, logo a seguir, para a concorrência. Em outras palavras, se faz necessário saber criar e gerenciar o relacionamento com o cliente de forma a gerar valor para a instituição.

A grande questão é como fazer isso. CRM é um conceito novo que não tem respaldo próprio no mundo acadêmico, mas ampara-se nos grandes papas do marketing, entre os quais Philip Kotler (autor do livro *Administração de marketing*, considerado a bíblia do marketing), Robert Kaplan e David Norton (autores do livro *Balanced scorecard*), Patricia Seybold (Cliente.com) e Don Peppers e Martha Rogers (autores de várias obras sobre o *one-to-one marketing* ou marketing de relacionamento).

O CRM pode ser entendido como uma estratégia que permite à instituição como um todo ter visão única de seu cliente e, a partir daí, saber explorar as oportunidades de negócio. Para isso, é necessário aproveitar todas as interações que a instituição tem com o cliente no sentido de captar dados e transformá-los em informações que possam ser disseminadas pela instituição, permitindo que todos os departamentos e setores vejam o cliente da mesma forma, ou seja, saibam quem ele é, seus gostos e preferências, quantas vezes ligou, reclamações que fez, sugestões que deu, quanto traz de valor para a instituição, entre outras informações.

Todas as informações relativas a esse relacionamento do cliente com a instituição precisam ser compiladas ou recuperadas no momento em que está ocorrendo o contato, ou seja, quando o cliente liga, para que ele seja reconhecido e a instituição possa aproveitar esse momento para obter mais informações e também para oferecer novos produtos e serviços que se afinem com o perfil daquela pessoa em particular. Para isso, é preciso fazer uso intensivo da tecnologia da informação. Mas não apenas isso. Também é necessário mudar a cultura da organização, através de treinamento de funcionários. Implementar tecnologias de CRM sem fazer o redesenho dos processos internos da instituição e sem criar um modelo de relacionamento e de atendimento ao cliente poderá ser apenas um projeto de informatização do *call center* ou da área de vendas, não conduzindo aos resultados esperados pela instituição.

5.4.1 Os primeiros passos para implantar CRM

A preocupação em conhecer e atender melhor o cliente foi intensificada principalmente nos últimos anos, dando margem para que as empresas se deixassem seduzir pelo discurso dos fornecedores de soluções e passassem a entender o conceito de CRM de forma distorcida, considerando que bastava implementar a tecnologia para atingir os objetivos pretendidos. CRM é uma estratégia que envolve pessoas, processos e tecnologia, visando a mudança de cultura dentro da instituição para que todos os funcionários dos diferentes departamentos tenham a visão única do cliente. A teoria, embora relativamente simples, mostra-se complexa na prática porque não existe uma fórmula padrão que se aplica a todas as empresas indistintamente. Em geral, começa-se a implementar a estratégia de CRM pela área que é mais crítica para a instituição.

Na verdade, deve-se considerar que a estratégia de CRM não é departamental, ou seja, não contempla apenas uma parcela da empresa. Também não se implanta CRM de uma única vez. Isso porque não se trata de um objetivo finito a ser alcançado, mas sim de uma estrada contínua e em constante evolução, na medida em que quanto mais a instituição conhece o cliente, mais poderá sofisticar a relação com ele. Outro detalhe é que as pessoas mudam de postura, de opinião e de gostos ao longo do tempo, e a instituição precisa estar preparada para observar essas alterações de comportamento e se antecipar para continuar oferecendo a esse consumidor o que ele deseja e necessita. Por isso um projeto de CRM deve ser feito de forma contínua, começando pela área mais crítica para a organização e, aos poucos, evoluir para as demais áreas.

Para evitar erros e frustrações ao longo dessa jornada, é importante que as organizações comecem fazendo uma análise do seu modelo de negócios, do perfil de clientes, quais as metas pretendidas e o que deve ser modificado internamente para atingi-las. Nesse sentido, o primeiro passo é estabelecer um planejamento do novo modelo de relacionamento com o cliente. Inicia-se definindo como o cliente deverá ser tratado, quais as formas de comunicação com ele que irão gerar respostas e em que tempo. Essa etapa é importante e requer o envolvimento da alta direção, uma vez que implica uma série de decisões que levarão à mudança de postura da em-

176 Técnicas de Negociação • Zenaro

presa como um todo em relação ao cliente. O atendimento e várias outras atividades deverão ser repensados para adaptar a empresa ao novo modelo em implantação. Em muitos casos, a empresa já pratica CRM há muito tempo sem identificá-lo como tal. O que talvez possa faltar a ela são soluções que agilizem e modernizem a forma de se relacionar com o consumidor.

Outro passo importante é fazer o levantamento e documentar todos os processos de atendimento ao cliente: pessoal, telefone, telemarketing, *e-mail*, entre outros. Tudo deve ser considerado, inclusive as atividades que visam receber as solicitações dos clientes, tais como: pedidos de informações, reclamações, sugestões etc. A partir daí deve ser feito o redesenho dos processos de atendimento ao cliente, de forma que a instituição passe a ter tempos de resposta condicionados pela expectativa do cliente e não pelas limitações operacionais impostas pela tecnologia em uso. A etapa seguinte refere-se à análise e seleção dos produtos existentes – *hardware* e *software* – que sejam mais adequados para que, finalmente, se inicie a implementação da tecnologia que suportará o novo modelo.

5.4.2 A importância da comunicação para o sucesso do CRM

No momento em que a organização define que mudança fará e aonde pretende chegar, precisa comunicar isso ao seu quadro funcional. Essa comunicação pode ser feita de várias formas. Também deve haver um plano de comunicação que visa informar aos funcionários, especialmente aos da área que está iniciando a implementação prática do conceito, o andamento de cada etapa do projeto, o que está sendo modificado e quais os objetivos pretendidos para aquela etapa em particular. Isso contribui para que não se crie uma imagem de fracasso e também gera curiosidade sobre o que virá a seguir. Uma expectativa mal definida e mal comunicada pode comprometer seriamente a continuidade do projeto. Normalmente, as pessoas se dispõem a fazer algo quando acreditam que aquilo lhes trará algum benefício. Se isso não for bem definido ou entendido, não se conseguirá envolver as pessoas. Também é importante que vejam os resultados obtidos para aliarem a teoria à prática.

5.4.3 O começo

A área de marketing é uma das pontas por onde se pode começar a implementar a estratégia de CRM. Em geral é uma das partes mais simples de serem trabalhadas, porque os profissionais desse setor não terão que mudar a essência da sua forma de atuação, ou seja, continuarão a analisar os dados dos clientes para fazer as campanhas e outras atribuições, tendo apenas como diferencial novas ferramentas para auxiliá-los nisso. As mudanças, portanto, não serão muito radicais. De outro lado, no entanto, a instituição é que terá de assumir novos papéis para construir internamente um sistema de *knowledge management*, ou seja, de gerenciamento do conhecimento, que inclui as etapas de captação, identificação, interpretação, distribuição e armazenagem dos dados.

Na prática, não há muitos projetos de CRM que se preocupam com isso, mas é o que trará à instituição benefícios efetivos no futuro, na medida em que lhe possibilitará conhecer de fato o seu cliente/aluno e, com isso, determinar ações para fortalecer esse relacionamento e obter, através disso, maiores resultados. Outra das pontas por onde se começa a implementar o CRM é a área de atendimento, onde os impactos das mudanças organizacionais costumam ser sérios e difíceis. Isso porque envolve a introdução de novas ferramentas tecnológicas que deverão se integrar com outros sistemas corporativos e que estão no centro das operações. Também os atendentes precisam ser bem treinados para não apenas atender bem ao cliente mas, principalmente, saber aproveitar cada interação para extrair mais informações dele e também para lhe oferecer novos produtos e serviços que estejam de acordo com o seu perfil.

A área de recursos humanos pode colaborar para o sucesso da implementação do CRM, mas isso dependerá de como esse setor está definido dentro da instituição. Normalmente, quando se quer implantar uma nova cultura dentro da instituição, esse processo deve ser conduzido pelas pessoas que estão motivadas para isso, e os chamados multiplicadores, às vezes, estão no marketing, na área de TI ou no atendimento, e não necessariamente no RH. Mas, nas organizações que já veem o RH como uma área fundamental para captar e reter talentos, a sua participação no processo pode ser bastante positiva, contribuindo para mapear as habilidades requeridas para determinada função, capacitar as pessoas e contratar novas, monitorar o processo de mudança e estipular a continuidade de treinamentos, de acordo com a necessidade. O RH também poderá contribuir, e muito, para mudar a forma de remuneração de pessoal com base nas metas definidas pelo CRM. Mudar a cultura da instituição é um tremendo desafio e se não for feita de forma adequada pode causar sérios traumas nas pessoas e trazer prejuízos para a instituição.

O principal motivador do CRM é a melhoria do atendimento, ou seja, a capacidade de a instituição fornecer ao cliente a informação ou solução de um determinado problema de forma rápida, eficiente, sem fazê-lo perder tempo e nem repetir a mesma história para várias pessoas. Para isso, não basta investir pesadas cifras em tecnologia de ponta para melhorar o *call center* ou outros canais de comunicação direta com o cliente. Também é fundamental treinar os operadores para que sejam proativos e saibam corrigir eventuais distorções.

5.4.4 Vantagens do CRM

Uma empresa que conta com um sistema de CRM perfeitamente integrado aos seus objetivos poderá obter uma série de vantagens, tais como:

➢ ter um entendimento mais profundo sobre sua base de clientes e maximizar o retorno do investimento em marketing;

➢ identificar os clientes com atributos e comportamentos idênticos, permitindo criação de grupos com padrões esperados que possam ser satisfeitos de forma prevista;

A Competitividade em Perspectiva **179**

- desenvolver programas de marketing e promoções que satisfaçam os padrões naturais de compra (cursos);

- recomendar uma série de produtos, serviços e promoções aos clientes que se mostrarem mais receptivos e, assim, aumentar as vendas;

- formar pacotes com produtos e serviços adquiridos simultaneamente;

- traçar perfis dos clientes em termos de valor e identificar os grupos de clientes não lucrativos;

- estudar os motivos que levaram clientes a abandonar a instituição, determinar por que o fizeram naquele determinado momento;

- desenvolver novos produtos e padrões de serviços baseados nas vantagens que trarão para os clientes, aumentando sua satisfação e garantindo a sua fidelidade; calcular a satisfação do cliente, avaliando as mudanças ocorridas ao longo do tempo. Com base nesses dados, traçar programas específicos e ações a serem tomadas.

A estrada que leva à melhoria do gerenciamento das relações com os clientes é sinuosa, cheia de obstáculos e sem fim. Para ter sucesso nessa jornada, as empresas e instituições precisam tomar cuidados básicos como:

- estipular metas a serem alcançadas;

- definir uma estratégia clara;

- eleger os líderes de projeto;

- assegurar o comprometimento da alta direção;

- determinar um programa de comunicação eficiente;

- treinar pessoal;

> mobilizar todas as áreas;

> avaliar canais de comunicação para determinar a forma correta de contato da empresa com os clientes;

> reavaliar os processos de negócios;

> implementar tecnologia para automatizar e otimizar os processos;

> medir resultados para avaliar os benefícios e erros cometidos ao longo do processo;

> ter em mente que um projeto de CRM precisa ser continuamente aperfeiçoado.

Se você deseja implantar em seu negócio, existem sistemas (*softwares*) prontos hoje em dia. É só pesquisar e em cinco minutos você terá escolhido um sistema. Entretanto, cuide para que atenda aos objetivos a que se propõe, e sirva para seu negócio.

Mas, ainda mais importante do que o tipo ou as aplicações do *software*, esteja preparado para agir sobre isso. De nada adianta um bom sistema CRM se as pessoas em sua empresa não o levam a sério, efetivamente como deve ser. Não se trata apenas de cadastrar clientes e manter informações atualizadas. É uma mudança de cultura empresarial, uma forte e importante mudança de paradigmas, e isso passa por muito treinamento e práticas constantes, até que seja inteiramente incorporado como política empresarial.

Felicidades e bons negócios a todos!!

REFERÊNCIAS

BRASIL. Lei 10.520 (2002), **Lei do Pregão**. Brasília: Senado Federal, 2002. Disponível em: <http://www.senado.gov.br>. Acesso em: 20 out. 2012.

BRASIL. Lei 8.666. (1993), **Lei das Licitações**. Brasília: Senado Federal, 2002. Disponível em: <http://www.senado.gov.br>. Acesso em: 12 out. 2013.

DRUCKER, Peter Ferdinand. **A administração na próxima sociedade**. São Paulo: Nobel, 2002.

EXXON EDUCATION FOUNDATION. *Human Rigths*. Disponível em:: <http://www.exxonmobil.com/Corporate/community_rights.aspx>. Acesso em: 2 dez. 2012.

GALBRAITH, John Kenneth. **A economia e a arte da controvérsia**. Tradução de Gilberto Paim. Rio de Janeiro: Fundo de Cultura, 1989.

GARDNER, Howard. **Estruturas da mente**. Porto Alegre: Artes Médicas, 1994.

_____. **Inteligências** – múltiplas perspectivas. Porto Alegre: Artes Médicas, 1998.

GOBET, Jean. **Testes para admissão em empresas**. Rio de Janeiro: Ediouro, 1995.

GOLEMAN, Daniel. **Inteligência emocional** – a teoria revolucionária que redefine o que é ser inteligente. Rio de Janeiro: Objetiva, 1995.

_____. **Trabalhando com a inteligência emocional**. Rio de Janeiro: Objetiva, 1999.

GRINOVER, Ada Pellegrini et al. **Código Brasileiro de Defesa do Consumidor comentado pelos autores do anteprojeto**. Rio de Janeiro: Forense Universitária, 2001.

KENDALL, Alan. **The tender tyrant: Nadia Boulanger**: a life devoted to music. A Biography. San Francisco: Lyceum, 1977.

KOTLER, Philip. **Administração de marketing**: análise, planejamento, implementação e controle. São Paulo: Atlas, 2006.

_____. **Administração de marketing**. São Paulo: Atlas, 1999.

_____; ARMSTRONG, Gary. **Princípios de marketing**. 5. ed. Rio de Janeiro: Prentice Hall do Brasil, 1993.

MARTINELLI, D. P. **Negociação empresarial**: enfoque sistêmico e visão estratégica. São Paulo: Manole, 2002.

_____. ALMEIDA, A. N. **Negociação e solução de conflitos**: do impasse ao ganha-ganha através do melhor estilo. São Paulo: Atlas, 1998.

_____; _____. **Negociação**: como transformar confronto em cooperação. São Paulo: Atlas, 1997.

MILLS, Harry A. **Negociação a arte de vencer**. São Paulo: Makron Books, 1993.

PORTER, Michael. **Vantagem competitiva**: criando e sustentando um desempenho superior. Rio de Janeiro: Campus, 1992.

TOFFLER, Alvin. **A empresa flexível**. Rio de Janeiro: Record, 2005.

URY, William. **O poder do não positivo**: como dizer não e ainda chegar ao sim. Rio de Janeiro: Campus, 2007.

URY, William. **Getting to peace**: transforming conflict at home, at work, and in the world. [s.l.]: Viking, 1999.

_____. **Supere o não**. 3. ed. São Paulo: Best-Seller, 1998.

ZENARO, Marcelo. **Marketing para empreendedores**. 3. ed. Videira: Êxito, 2011.

_____; PEREIRA, Mauricio F. **Marketing estratégico para organizações e empreendedores**. São Paulo: Atlas, 2013.

Impressão e acabamento
Imprensa da Fé